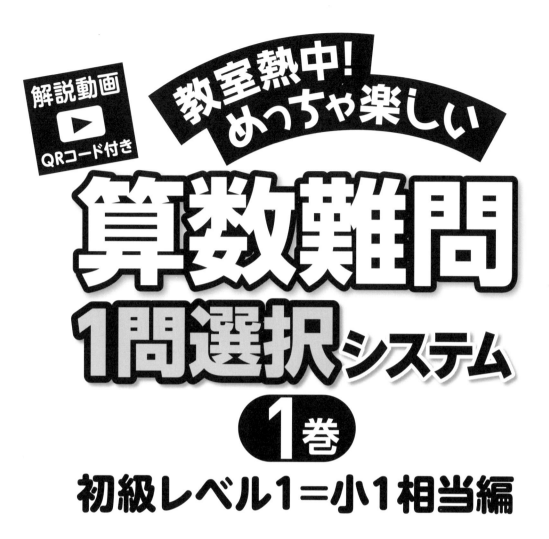

解説動画 ▶ QRコード付き

教室熱中！めっちゃ楽しい

算数難問
1問選択システム
1巻

初級レベル1＝小1相当編

木村重夫
堂前直人＋TOSS/Lumiere
編

まえがき

1　子ども熱中の難問を満載！

　本シリーズは，子どもが熱中する難問を満載した「誰でもできる難問の授業システム事典」です。みなさんは子どもが熱中する難問の授業をされたことがありますか？　算数教科書だけで子ども熱中の授業を作ることは高度な腕を必要とします。しかし，選び抜かれた難問を与えて，システムとして授業すれば，誰でも子ども熱中を体感できます。

これが「子どもが熱中する」ということなんだ！

　初めて体験する盛り上がりです。時間が来たので終わろうとしても「先生まだやりたい！」という子たち。正答を教えようとしたら「教えないで！　自分で解きたい！」と叫ぶ子たち。今まで経験したことがなかった「手応え」を感じることでしょう。

2　これまでになかった最強の難問集

　本シリーズは，かつて明治図書から発刊された「難問シリーズ」「新・難問シリーズ」から教室で効果抜群だった難問を選び抜いて再編集しました。

　新しい難問も加えました。すべて子どもの事実を通しました。本シリーズは「最強の難問集」と言えるでしょう。

　さらに，新学習指導要領に対応させた，本シリーズの目玉がこれです。

新学習指導要領に対応！「デジタル時代に対応する新難問」
　(1) 論理的思考を鍛える問題10問
　(2) プログラミング的思考問題10問
　(3) データの読解力／活用力問題10問
　(4) 読解力を鍛える問題10問

　プログラミング学習やデータ読解力など，新学習指導要領に対応した難問を開発しました。最新の課題に対応させた難問です。子どもたちの新しい力を引き出してください。さらにスペシャルな付録をつけました。

教科書よりちょっぴり難しい「ちょいムズ問題」

　すでに学習した内容から，教科書と同じまたはちょっぴり難しいレベルの問題をズラーッと集めました。教科書の総復習としても使えます。20問の中から５問コース・10問コース・全問コースなどと自分のペースで好きな問題を選んで解きます。１問１問は比較的簡単ですが，それがたくさん並んでいるから集中します。

3　デジタル時代に対応！　よくわかる動画で解説

　本シリーズ編集でとくに力を注いだのが「解説動画」です。

　ぜひ動画をごらんになってください。各ページに印刷されているQRコードからYouTubeの動画にすぐにアクセスできます。問題を解くポイントを音声で解説しながら，わかりやすい動画で解説します。授業される先生にとって「教え方の参考」になるでしょう。教室で動画を映せば子

どもたち向けのよくわかる解説になります。また，新型コロナ等による在宅学習でもきっと役立つことでしょう。なお，動画はすべての問題ではなく，5問中とくに難しい問題につけました。

動画のマスコット「ライオンくん」▶

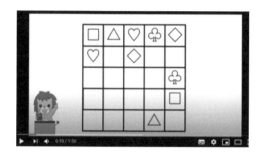

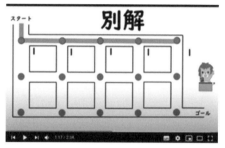

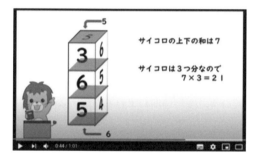

4 難問がつくる教室のドラマ

難問の授業で起きた教室のドラマです。

> ふだん勉強が得意な子が間違えて，苦手な子が解けた。

「3を7で割ったとき，小数第100位はいくつか」という難問があります。勉強が得意な子がひらめきで解いたのですがウッカリミスがあってバツが続きました。勉強が苦手な子が家に帰って大きな紙に小数第100位まで筆算を書きました。その子は正解でした。時間はかかりましたが地道に取り組んだ子が正解しました。勉強が得意な子が間違え，苦手な子が正解したのです。これを「逆転現象」と言います。子どもたちは驚きました。子どもの中にある「できる子」「できない子」という固定観念はこうした事実で崩れていきます。

本シリーズを活用して，「熱中する授業」をつくってください。たくさんのドラマに出会ってください。腹の底までズシンと響く確かな「手応え」を感じていただけたら，と思います。

木村重夫

シリーズの活用方法

① 授業したいページを選ぶ

このシリーズの基本的な活用方法（ユースウェア）を紹介します。

まず，子どもに授業したい見開き2ページを選びます。初めて難問に出会う子どもたちの実態を考えて，1〜2学年下のレベルの難問を与えることもよいでしょう。5問を1枚に印刷します。人数分プラス余分に印刷しておくと，「家でやりたい！」という子たちに与えることができます。

② 子どもに説明する

初めて子どもに説明するときの教師の言葉です。

①とっても難しい問題です。「難問」と言います。難問5問のうち，どの問題でもいいですから1問だけ選んで解きましょう。

②1問解けたら100点です。（子ども）たった1問？

③2問目をどうしても解きたい人は解いてもかまいませんが，もしも正解しても，
【板書】100点＋100点＝100点です。（子ども）ええ!?

④もしも2問目を間違えたときは，
【板書】100点＋0点＝0点です。（子ども）えええええ!?

⑤先生が5問読みます。1問選んでください。（教師が読んでやらないと，全体を見ないで1問目に飛びつく子がいます。）

⑥どの問題に挑戦したいですか。ちょっと聞いてみよう。1番，2番，3番，4番，5番。
（クラスの傾向をつかみます。）どの問題でも100点に変わりありません。解けなかったら別の問題に変えてもかまいません。

⑦できたら持っていらっしゃい。用意，始め！

③ 教えないで×をつける

解いた子が持って来ます。教師は○か×だけつけます。「×」に抵抗がありそうな子には「✔」でもかまいません。このときのポイントはこれです。

解き方や答えを教えない。

「おしいなあ。（×）」「いい線いっているけど…。（×）」「なるほど！こうやったのか。でも×だな」「がんばったねえ。（×）」「これは高級な間違いだな。（×）」
など，にこやかに一声かけつつも×をつけます。解き方や答えは教えません。

×をつけられた子は「ええー？」と言いながら席にもどり，再び挑戦します。

何度も何度も挑戦させます。教師が解説してしまったら，子どもが自力で解いて「やったあ！」と喜ぶ瞬間を奪うことになります。

④ 挑発すると，いっそう盛り上がる

難問の授業を盛り上げる手立てがあります。「挑発する」ことです。

「みんなできないようだから，答えを教えましょうか。」

「もう降参ですね？」笑顔で挑発します

「待ってー！」「答えを言わないで！」「自分で解きます！」「絶対降参なんかしない！」子どもたちは絶叫します。教室がますます盛り上がります。

⑤ 答え合わせは工夫して。解説動画が役立ちます

　答えをすぐに教えないことが基本です。家で解いてきた子がいたら，たくさんほめましょう。解き方や答えを確認する方法はいくつかあります。子どもの実態や時間を考慮して先生が工夫してください。

　A　解けた子に黒板に書かせ，説明させる。
　B　解いた子の解答用紙を教室に掲示する。
　C　教師が板書して簡単に解説する。
　D　本書の解説・解答ページをコピーして掲示する。
　E　本書の「解説動画」を見せる。（実にわかりやすい動画です。解説ページにあるQRコードからアクセスしてください。）

⑥ デジタル難問，ちょいムズ問題で新しい挑戦を！

　「デジタル難問」は，先生が選んだ問題を必要に応じて与えてください。例えばプログラミング学習をした後に発展として取り上げることも効果的です。

　「ちょいムズ問題」を自習に出すとシーンとなります。学期末や学年末のまとめとしても使えます。5問コース，10問コース，全問コースを決め，問題を自分で選ばせます。個人差に応じた問題数で挑戦できます。「できる」「できる」の連続で達成感を持てるでしょう。

⑦ 「算数難問，大人気」「奇跡のようでした」

　西日本の小学校特別支援学級の先生から届いた難問授業レポートです。

　最初は「わからない」とシーンとした時間が続いた。しかし，最初に男子が1問正解した。「A君，合格しました！」「おお，すごいねー！」わーっと拍手が起きた。

　またしばらくすると，今度はB子が合格した。B子にも友達から温かい拍手が送られた。彼女のプリントを見ると，あちこちに筆算が残されていた。
1つ1つ地道に計算しながら答えにたどり着いたことがわかった。

　この辺りから一気に火がついた。休み時間になっても「まだやりたいです！」とやめようとしない子が続出した。

　なんとC男もやり始めた。最初は「どうせわからん」と言っていたが，のめり込んでいった。もちろん一人では解けないので私の所にやって来た。

　以前は間違えること，失敗することが嫌で何もやろうとしなかったことを考えれば，難問に挑戦し，何度も何度も×をもらっているのは奇跡のようだった。

　「こんな難しい問題に挑戦しているのがえらいよ。」
　「失敗してもへっちゃらになってきたな。前よりも心が強くなったな。」
　「×がついてもちゃんと正答に近づいていくでしょ？」
　問題を解いたことではなく，挑戦したことに価値があるのだ。

　難問によって「あきらめない子」「何度も挑戦する子」が生まれ，配慮を要する子が「失敗を受け入れ」「奇跡のようだ」という嬉しい報告です。

　あなたのクラスの子どもたちにも「難問に挑戦する楽しさ」を，ぜひ味わわせてください。

木村重夫

1年　難問の授業モデル／活用のヒント

　子どもたちは，難問が「大好き」である。

　正確に言えば，「大好きになる」。

　それは，「誰でも間違える」からであり，「誰でも一番に正解する可能性がある」からである。

　教室の中にある「優劣」，「序列」を切り崩していくのである。

> だからこそ難問は，算数の苦手な子も，得意な子も，熱中していく。

　ただし，熱中させるためには，「ユースウェア（使い方）」が重要だ。

　本書を印刷して配るだけでも一定の効果はあろうが，熱中，熱狂，とはいかない。

　スポーツのトレーニングに効率的な方法と非効率的な方法があるように，難問にも「効果的な方法」があるのだ。

　ぜひ，本書の「ユースウェア動画」をご覧いただいてから，教室で実践をしていただきたい。

　さて，問題を手に入れた。効果的なやり方もわかった。

　次は，「いつやるか」である。

　私は，教室で，以下のような場面で活用をしてきた。

> （1）　授業参観で
> （2）　授業の隙間で
> （3）　自主学習で
> （4）　学級開き，授業開きに

　少し具体的に紹介していく。

（1）授業参観

　教科書を中心に授業をした後，残りの15分程度で取り組む。

　私は事前に，廊下に保護者用のプリントを置いておく。

　子どもたちが取り組み始めた後，子どもたちに向かって，次のように言う。

　「おうちの人にも配ってあるから，わからなかったものは，家で聞くこともできますから，安心してやってくださいね。」

　こうなると，保護者の方は慌てて問題を見始める。難問の中には，大人でも悩む問題も多い。

　「でも，大人でも難しいからね。先生でもできないのがあるよ」と大人をフォローするのも忘れてはいけない。

　時に，後ろにいる保護者に尋ねに行かせるのもいい。（もちろん，保護者が参加していない子もいる。配慮が必要だ。）

　こうして取り組んでいくが，時間内に全問正解することは難しいだろう。

　中には，翌日持ってくる子もいる。大いに褒めたい。

（2）授業の隙間で

　授業をしていると，時に，5分，10分と授業時間が余る場合がある。

そんなときに，実施する。

なので，私は「印刷したものを，教室に常備」しておくことにしている。

そうすれば，パッと取り出し，配ることができる。

（1）と同じく，翌日持ってくる子がいる。大いに褒めたい。

（3）自主学習で

授業で実施した後であれば，「自主学習」にする方法もある。

教室に印刷したものを置いておき，欲しいものを持っていくシステムにする。

一問のみ解いてくる子もいれば，全問解いてくる子もいるだろう。

どちらにせよ，教師はユースウェア通りに○か×を付ければよい。

誤答への解説は不要だ。

子どもたちは，翌日もまた，挑戦をしてくる。

（4）学級開き，授業開きに

難問は多くの子が間違える。何度も間違える。

「挑戦しよう」，「間違ってもいい」，「たくさん間違えながら学んでいこう」

そういったメッセージを伝えるには適材である。

学級開き，授業開きに，教師のメッセージと共に，実際の活動場面を交えることで，その場で子どもを称賛し，激励することができる。よりメッセージも強固なものとなる。

少しずれるが，6月，11月といった子どもたちの気持ちが緩みがちな時期にも効果的である。

難問を通して，「挑戦することの大切さ」，「粘り強く取り組むことの大切さ」，「丁寧にやることの大切さ」を子どもたちに改めて語ることができる。

これで，「問題」，「使い方」，「タイミング」がそろった。

あとは，やってみるだけである。

本書を手に取ってくださった方の教室から，子どもたちの歓喜の声が上がることを願う。

TOSS/Lumiere　　**堂前直人**

目　次

まえがき　　…2…

シリーズの解説と活用方法　　…4…

※印の問題＝解説動画付き

I 教室熱中！ 初級レベル難問集1
小1相当編
（問題／解答と解説）

No.1　出題＝澤田好男・伴佳代　　　　　　　　　　　…14…

●選＝堂前直人（編集チーム）

1 順序　2 たし算　3 数列
4 時計　5 ※円の分割

No.2　出題＝有村春彦・蔦谷明日人　　　　　　　　…18…

●選＝堂前貴美子（編集チーム）

1 かず　2 たし算・ひき算　3 かず
4 ※まっちぼうのかず　5 何段目

No.3　出題＝水野正司・保土田佳敬・上西恵美　　　…22…

●選＝堂前貴美子（編集チーム）

1 かず　2 たし算　3 ※かず
4 本のページ　5 積み木

No.4　出題＝東光弘・蔦谷明日人　　　　　　　　　…26…

●選＝中川聡一郎（編集チーム）

1 数の整理　2 ※規則性　3 たし算
4 四角形　5 規則性

No.5　出題＝野中伸二・伴佳代　　　　　　　　　…30…

●選＝中川聡一郎（編集チーム）

[1]※三角形　[2]たし算　[3]たし算・ひき算
[4]たし算　[5]順序

No.6　出題＝大島英明・小田昌宏　　　　　　　　　…34…

●選＝中川聡一郎（編集チーム）

[1]※四角形　[2]かず　[3]たし算・ひき算
[4]たし算　[5]立体図形

No.7　出題＝酒庭和夫・橋爪里佳・乙津優子　　　…38…

●選＝鈴木基紘（編集チーム）

[1]※たし算　[2]かず　[3]図形
[4]図形　[5]数列

No.8　出題＝福田一毅・東光弘　　　　　　　　　…42…

●選＝鈴木基紘（編集チーム）

[1]規則性　[2]立体図形　[3]たし算・ひき算
[4]図形　[5]※算数パズル

No.9　出題＝桜木泰自・中地直樹・布村岳志　　　…46…

●選＝鈴木基紘（編集チーム）

[1]規則性　[2]算数パズル　[3]平面図形
[4]※図形　[5]算数パズル

No.10　出題＝塩苅有紀・小田昌宏　　　　　　　　…50…

●選＝橋本諒（編集チーム）

[1]比較　[2]タイル　[3]かず
[4]ひき算　[5]※かたち

No.11 出題＝中地強・西尾文昭・今浦敏江 　　　…54…

●選＝橋本諒（編集チーム）

1かず　2※図形　3数量関係
4算数パズル　5数量関係

No.12 出題＝毛見隆・中村智治・木村正章・川原奈津子 　…58…

●選＝加藤友祐（編集チーム）

1※順序　2ひき算　3数量関係
4たし算　5かたちづくり

No.13 出題＝佐藤敏博・蔦谷明日人・佐藤志保 　　…62…

●選＝加藤友祐（編集チーム）

1たし算　2数量関係　3※順序
4かず　5たし算・ひき算

No.14 出題＝雪入哲也 　　　…66…

●選＝岡田健太郎（編集チーム）

1数列　2※数量　3ひき算
4たし算　5数列

No.15 出題＝荒谷卓朗 　　　…70…

●選＝岡田健太郎（編集チーム）

1図形　2たし算・ひき算　3※たし算・ひき算
4たし算　5数量

No.16 出題＝渡辺佳起 　　　…74…

●選＝林田花蓮（編集チーム）

1順序　2たし算　3お金
4※たし算・ひき算　5図形

10

No.17　出題＝佐藤尚子　　　　　　　　　　　　　…78…

●選＝林田花蓮（編集チーム）

1 順序　　2 図形　　3 ※お金
4 時計　　5 何番目

No.18　出題＝金子史・大貝浩蔵　　　　　　　　…82…

●選＝加藤友祐（編集チーム）

1 ※かず　　2 たし算・ひき算　　3 数列
4 かず　　5 平面図形

No.19　出題＝後藤あゆみ・伴佳代　　　　　　　…86…

●選＝岩井俊樹（編集チーム）

1 何番目　　2 ※あみだくじ　　3 たし算・ひき算
4 たし算　　5 組み合わせ

No.20　出題＝竹森正人・塩沢博之　　　　　　　…90…

●選＝橋本諒（編集チーム）

1 数量関係　　2 図形　　3 数量関係
4 ※順序　　5 ひき算

II デジタル時代の新難問
（問題／解答と解説）

No.21　出題＝堂前直人　　　　　　　　　　　　…94…

データの読解力問題
1 ※ひき算　　2 わり算　　3 数の整理　　4 表の整理
5 たし算　　6 数の整理　　7 ひき算　　8 数字の整理
9 グラフの整理　　10 グラフの読み取り

No.22　出題＝木田健太　　　　　　　　　　　　　　　…102…

プログラミング的思考問題
1 ※認識　2 認識　3 認識　4 仮定
5 認識　6 実行　7 仮定　8 実行
9 認識　10 実行

No.23　出題＝岩井俊樹　　　　　　　　　　　　　　　…110…

読解力を鍛える問題
1 ※位置　2 図形　3 何番目　4 たし算・ひき算
5 たし算・ひき算　6 文章読解　7 文章読解
8 文章読解　9 文章読解　10 文章読解

No.24　　　　　　　　　　　　　　　　　　　　　　　…118…

●選＝川合賢典（編集チーム）

論理的思考力を鍛える問題
1 ※順序　2 ひき算　3 たし算　4 ひき算
5 たし算　6 ※数列　7 順序　8 ひき算
9 たし算　10 たし算

ちょいムズ問題
（問題／解答と解説）

● 出題＝木村重夫

小学1年「ちょいムズ問題」①
…126…

全10問 選択学習　○2問コース ○5問コース ○全問コース

小学1年「ちょいムズ問題」②
…127…

全10問 選択学習　○2問コース ○5問コース ○全問コース

小学1年「ちょいムズ問題」③
…128…

全20問 選択学習　○2問コース ○5問コース ○全問コース

小学1年「ちょいムズ問題」④
…129…

全20問 選択学習　○2問コース ○5問コース ○全問コース

あとがき　…130…

執筆者紹介　…132…

難問 No.1

★もんだいが5問あります。1問だけえらんでときましょう。

1 本だなに絵本がたくさんならんでいます。左から3ばん目の絵本と8ばん目の絵本のあいだには，なんさつの絵本があるでしょうか。

こたえ（　　　　　　）さつ

2 ○＋○＝6　△＋△＋△＝6
のようになっているとき，○＋△のこたえは，いくつになりますか。

こたえ　○＋△＝（　　　　　　）

3 □に入るかずをかきましょう。

92　　94　　96　　□　　100

こたえ（　　　　　　）

4 とけいがかがみにうつっています。なんじなんふんでしょうか。

こたえ（　　　　　じ　　　　ふん）

5 丸い形のものを線でわけます。1本だと丸を2つにわけることができます。
　　2本の線をひくと，丸をいくつにわけることができるでしょうか。

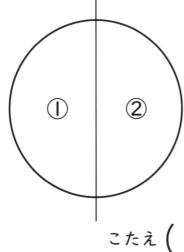

こたえ（　　　　　）つと（　　　　　）つ

1 **答え　4冊**

図で考えるとよい。

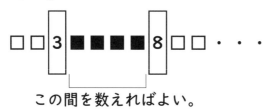

この間を数えればよい。

2 **答え　5**

〇＋〇＝6なので，〇＝3
△＋△＋△＝6なので，△＝2
したがって，〇＋△＝3＋2となり，こたえは5

3 **答え　98**

2ずつ増えていくので，96から2増やして，「98」となる。

4 答え　4時24分

反転させて考える。

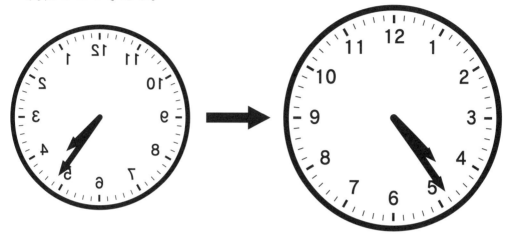

5 答え　3つと4つ

2つともかいていて正答。
どちらか1つではいけない。

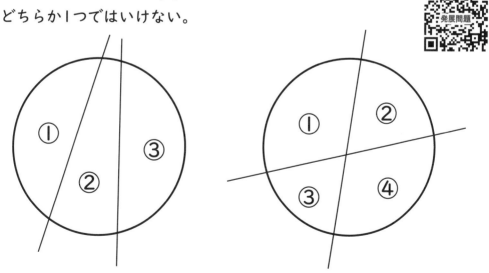

【引用文献】
澤田好男 [1][2][3][5]『教室熱中！難問1問選択システム1年』P.14（明治図書）
伴　佳代 [4]　　『教室熱中！難問1問選択システム1年』P.94（明治図書）

★もんだいが5問あります。1問だけえらんでときましょう。

1　2まいのすうじカードがあります。
2まいのカードをたすと6になります。
おおきいほうからちいさいほうをひくと，
6になるそうです。
2まいのカードのすうじはなにとなにでしょうか。

? ?

こたえ（　　　と　　　　）

2　かずおくん，あきらくん，よしおくんが，おはじきをもっています。それぞれなんこずつもっていますか。

ぼくは
あきらくんより
3こおおく
もっているよ

ぼくは
よしおくんより
1こすくないよ

あと2こ
もっていれば
ちょうど10こ
になるよ

かずお　　　あきら　　　　　よしお

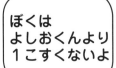

こたえ

かずお（　　　　　）こ

あきら（　　　　　）こ

よしお（　　　　　）こ

3　3つのどのさいふも100えんにしたいとおもいます。
あといくらいれたらいいでしょうか。
さいふに，□□□のなかのおかねの絵をかきましょう。

4 まっちぼうでかたちをつくったよ。
なんぼんのまっちぼうでつくったか〇にかいてね。

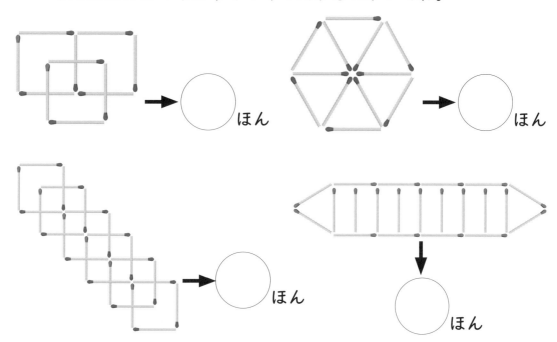

5 かいだんを上がったり下がったりしてあそんでいる男の子がいます。いちばん下から9だん上がって，8だん下がり，7だん上がって6だん下がり，8だん上がって2だん下がり，2だん上がって8だん下がりました。
男の子はいま，なんだん目にいるのでしょう。

こたえ（　　　　　　　）だん目

1 **答え 6と0**

2枚をたすと6になるので，組み合わせは，
6－0　5－1　4－2　3－3の4種類。
このうち，ひいて6になる組み合わせは，
6－0のみ。

2 **答え　かずお10個　あきら7個　よしお8個**

よしおくんから求める。　10－2＝8

次にあきらくん。　8－1＝7

最後にかずおくんとなる。　7＋3＝10

3 **答え　以下の通り**

4 答え　以下の通り

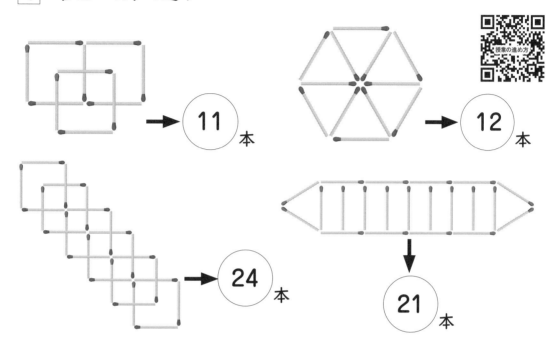

5 答え　下から2段目

$9-8=1$

$1+7-6=2$

$2+8-2=8$

$8+2-8=2$

【引用文献】
有村春彦　①②③④『教室熱中！難問1問選択システム1年』P.18（明治図書）
蔦谷明日人⑤　　　『授業で使える新難問・良問＝5題1問選択システム1年』P.10（明治図書）

難問 No.3

★もんだいが5問あります。1問だけえらんでときましょう。

1　1から50までのかずで1つだけないものがあります。
　　ないかずはなんでしょう。

50	22	13	5	29	25	17
30	19	33	40	1	38	35
12	24	2	48	20	44	8
7	16	37	21	10	49	31
28	34	15	6	26	14	41
23	4	46	32	45	3	47
9	27	36	11	42	39	18

こたえ（　　　　　）

2　□にカードをいれてたしざんをつくりましょう。
　　カードは1かいしかつかえません。

2	3	4	5	6	7	8	9	10

□ ＋ □ ＝ □

□ ＋ □ ＝ □

□ ＋ □ ＝ □

名前 (なまえ   )

3　かくれているかずを, でてきただけぜんぶかきなさい

> にいさんが にくといちごをたべて ふたをあけて じゅーすを
> のんで はしで ごはんもたべて うみで むしにさされた。

こたえ (   )

4　30ページの本があります。
　3ページ目から, 11まいをやぶりました。
　やぶけているのは, なんページから, なん
ページまでですか。

こたえ (   ) ページから (   ) ページまで

5　下の絵のように, つみ木をかさねていきます。
　1だんでは1こ, 2だんでは5こ, 3だんでは14このつみ木が
いります。
　5だんではなんこのつみ木をつかいますか。

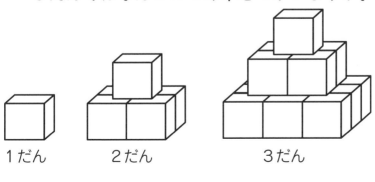

1だん　　2だん　　　3だん

こたえ (   ) こ

☐1 **答え　43**

　1から順番に数えて鉛筆で
しるしをつける。
　数えたものは消していく。

50	22	13	5̸	29	25	17
30	19	3	40	1̸	38	35
12	24	2̸	48	20	44	8̸
7̸	16	37	21	1̸0̸	49	31
28	34	15	6̸	26	14	41
23	4̸	46	32	45	3̸	47
9̸	27	36	11	42	39	18

☐2 **答えは2組ある**

　　（1）　3＋7＝10　　4＋5＝9　　2＋6＝8
　　（2）　4＋6＝10　　2＋7＝9　　3＋5＝8

まず答えが10になるたし算を作ってみる。
　　2＋8＝10　　3＋7＝10　　4＋6＝10
次に9になるたし算を作ってみる。
　　2＋7＝9　　3＋6＝9　　4＋5＝9
その次に8になるたし算を作ってみる。
　　2＋6＝8　　3＋5＝8
これらの中から，カードは1回だけしか使えないので，組み合わせて
いって，全ての数字を使う組み合わせを探す。
（1），（2）のどちらかできていれば正答でよい。

出題＝水野正司，保土田佳敬，上西恵美

選＝堂前貴美子（編集チーム）

3 答え 2 3 2 9 10 1 5 2 10
8 4 5 3 6 4 2 （3）（3）

「にいさん」なので，「2」と「3」になる。
　全部書けたらはじめてマルをもらえる。
「さされた」は，微妙なところなので，なくてもマルとする。

4 答え 3ページから24ページまで

3ページ目をやぶると，4ページ目もなくなる。
以下の通り。
①3～4　②5～6　③7～8　④9～10　⑤11～12
⑥13～14　⑦15～16　⑧17～18　⑨19～20
⑩21～22　⑪23～24

5 答え 5段 55個

5段目　5×5　25個
5段目まで合計すると，1＋4＋9＋16＋25＝55個

【引用文献】
水野　正司1 2 3『教室熱中！難問1問選択システム1年』P.22（明治図書）
保土田佳敬4　　『授業で使える新難問・良問＝5題1問選択システム1年』P.66（明治図書）
上西　恵美5　　『授業で使える新難問・良問＝5題1問選択システム1年』P.102（明治図書）

難問 No.4

★もんだいが5問あります。1問だけえらんでときましょう。

1 みさきさんは，せのじゅんにならぶと，まえから4ばん目です。
   あゆみさんは，みさきさんのすぐまえにいます。
   めぐみさんはうしろから3ばん目で，めぐみさんとあゆみさん
   のあいだに4人ならんでいます。
   ぜんぶでなん人ならんでいますか。

   こたえ（   ）人

2 10チームが出場するサッカーのトーナメントがあります。
   ゆうしょうするまで，全部でなん試合あるでしょう。
   〈ヒント〉4チーム出場する試合は，3試合です。

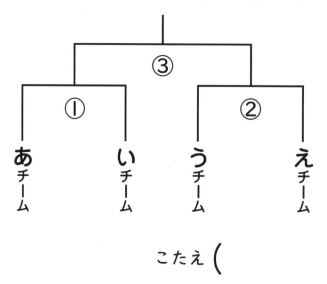

   こたえ（   ）試合

3　下の8まいの中から3まいとって，合計が15になるようにカードをえらびましょう。（カードは1回しかつかえません。）

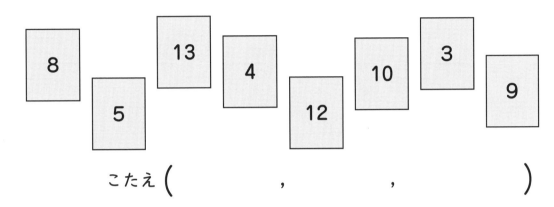

こたえ（　　　　，　　　　，　　　　）

4　下の図の中に四角はなんこかくれているでしょう。

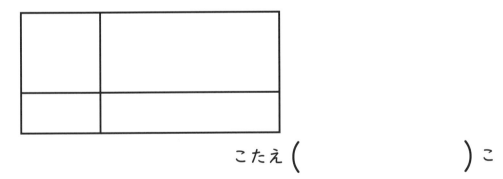

こたえ（　　　　　　　）こ

5　かずのきまりを見つけて，ピラミッドをかんせいさせましょう。

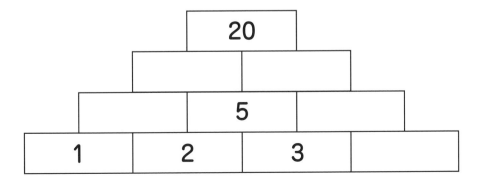

1 答え　10人

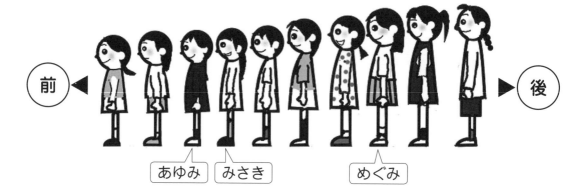

前 ◀ ［あゆみ］［みさき］　　　　［めぐみ］ ▶ 後

2 答え　9試合

10チームのトーナメント表を書き，数える。

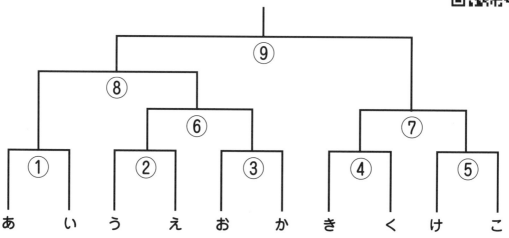

もう一つ方法がある。1試合する毎に，1チーム負けていく。

　最後に優勝するのは，1チームだけ。他の9チームは，負けていなくな
る。したがって，試合の数は，「参加したチームの数－1」となる。

　よって，10－1＝9。

3 答え　8 4 3

　1と2のカードがないから，13・12・10・9のカードを使って15は作れない。よって，15ができるのは8・4・3のカードになる。

4 答え　9個

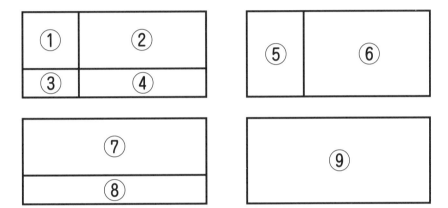

5 答え　以下の通り

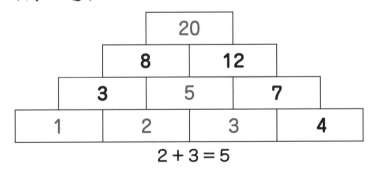

$$2 + 3 = 5$$

となり合う2つの数字の合計が，その上にある数字になっている。

【引用文献】
東　　光弘①②③④『教室熱中！難問1問選択システム1年』P.34（明治図書）
蔦谷明日人⑤　　　『授業で使える新難問・良問＝5題1問選択システム1年』P.18（明治図書）

★もんだいが5問あります。1問だけえらんでときましょう。

1 つぎの形の中に，三角は，なんこありますか。

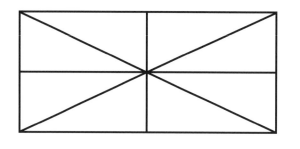

こたえ ( ) こ

2 となり同士の〇をたしざんすると，こたえが□の中のすうじに
なります。1〜9のすうじを1回だけつかって，〇の中にはいる
すう字をかきましょう。

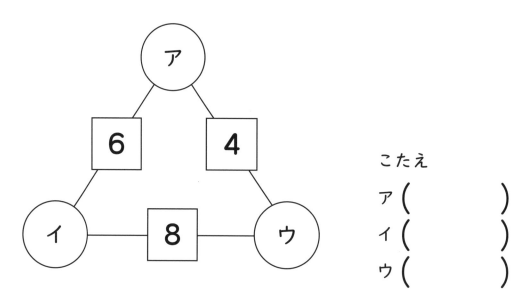

こたえ

ア ( )
イ ( )
ウ ( )

名前（　　　　　　　　　　　　　　）

3 けいさんして 8 になるところを，赤えんぴつでぬりつぶします。なんというかん字になるでしょうか。

13 − 4	3 + 6	16 − 8	14 − 5	12 − 6
4 + 4	14 − 7	3 + 5	3 + 6	2 + 6
14 − 6	6 + 2	12 − 4	15 − 7	13 − 5

こたえ（　　　　　　　）

4 三角でつながっている 3 つのかずをたすと，17 になります。
○に当てはまるかずをかきいれましょう。

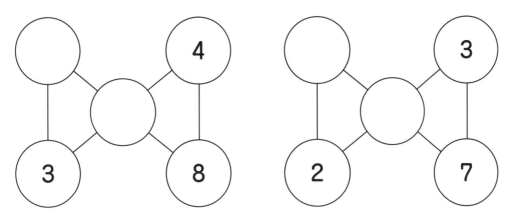

5 12人が 1 れつにならんでいます。たけしくんは，よしこさんのすぐうしろです。よしこさんは，うしろから 7 番目です。
さて，たけしくんは前から何番目でしょうか。

こたえ（　　　　　）番目

1 答え　16個

この三角形が，8個。

この三角形が，2個。

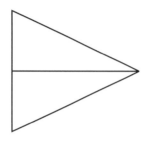

この三角形が，2個。

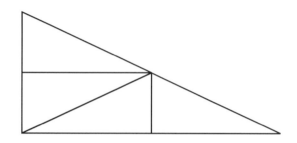

この三角形が，4個。

2 答え　　ア＝1　イ＝5　ウ＝3

　㋐と㋑の間の 4 に注目する。

　足して4になるのは，「1と3」か「2と2」だけ。同じ数字は1回しか使えないので，「1と3」になる。

　㋐に「3」を入れると，㋑も「3」になるのでだめ。

　よって，㋐は「1」，㋒が「3」，㋑は「5」になる。

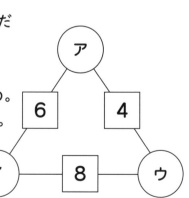

3 答え　山

13 − 4	3 + 6	16 − 8	14 − 5	12 − 6
4 + 4	14 − 7	3 + 5	3 + 6	2 + 6
14 − 6	6 + 2	12 − 4	15 − 7	13 − 5

4 答え　以下の通り

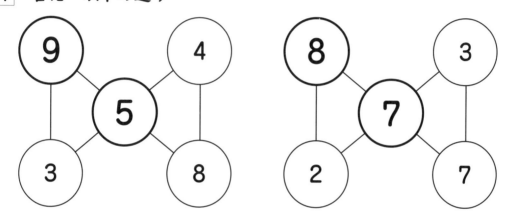

5 答え　7番目

簡単な図に描いてみるとよく分かる。

☆印がよしこさんの場所（後ろから7番目）

○○○○○☆●○○○○○

●印が，たけしくんの場所で，よしこさんの真後ろなので，前から7番目となる。

【引用文献】
野中伸二①②③④『教室熱中！難問1問選択システム1年』P.30（明治図書）
伴　佳代⑤　　『教室熱中！難問1問選択システム1年』P.94（明治図書）

難問
No.6

★もんだいが5問あります。1問だけえらんでときましょう。

1 下の図の中に，四角はなんこあるでしょう。

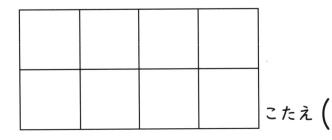

こたえ（　　　　　　　　）こ

2 10かいだてのビルがあります。
1かい上がるごとに，1分かかります。1かいから10かいまで行くのに，なん分かかりますか。

こたえ（　　　　　　　　）分

3 テーブルの上に3まいのカードがあります。これを全部つかって，こたえが「7」になる式をつくりましょう。

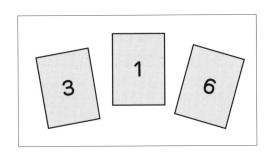

こたえ（　　　　　　　　　　）

34

4 三角でつながっている３つのかずを合わせると，20になります。あいているところにあてはまるすうじをいれましょう。

〈れい〉

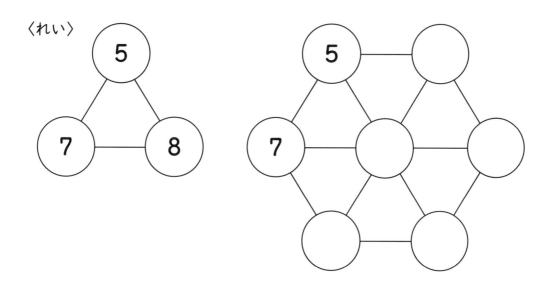

5 四角のはこが，たくさんつみ上げられています。
四角のはこは，全部でなんこあるでしょう。

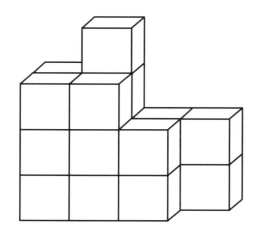

こたえ（ 　　　　　　　　 ）こ

1　答え　30個

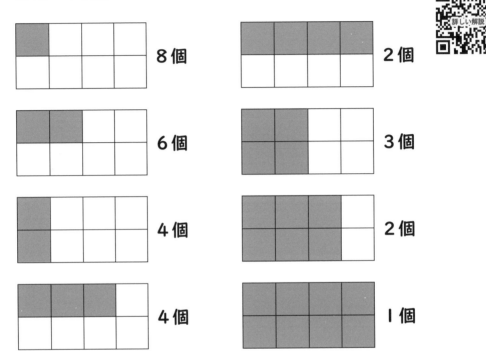

詳しい解説

8個

2個

6個

3個

4個

2個

4個

1個

2　答え　9分

　　10階に行くための階段は，9つである。
　　したがって，9分かかることになる。

3　答え　「9＋1－3」または「13－6」

　　「6」のように見えているカードを逆さまにして，「9」にするのが
　ポイントである。
　　そうすると，「9＋1－3」という式を作ることができる。
　　また，「1」と「3」のカードをくっつけて「13」として，
　「13－6」で「7」にする方法もある。

出題＝大島英明，小田昌宏

選＝中川聡一郎（編集チーム）

4 答え　以下の通り

順序よく計算していくとできる。　7＋5＝12　20−12＝8

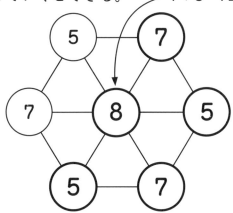

5 答え　19個

見えないけれど実際には積み上げられている箱
を数えることが必要である。

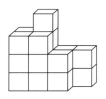

Ⓐ
右のでっぱりの2個を
上につむ

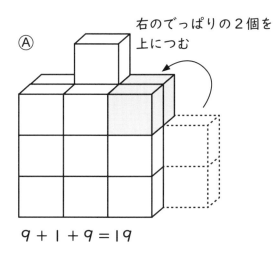

9 ＋ 1 ＋ 9 ＝ 19

Ⓑ
1個

2 ＋ 2 ＝ 4個

6＋6＝12個

2個

1 ＋ 4 ＋ 12 ＋ 2 ＝ 19個

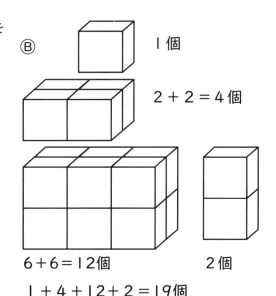

【引用文献】
大島英明①②③④『教室熱中！難問1問選択システム1年』P.98（明治図書）
小田昌宏⑤　　　『授業で使える新難問・良問＝5題1問選択システム1年』P.106（明治図書）

★もんだいが5問あります。1問だけえらんでときましょう。

1 まなさんは，まえから5ばん目です。
ゆいさんは，まなさんのすぐまえにいます。
こはるさんはうしろから2ばん目で，
こはるさんとゆいさんのあいだに3人ならんでいます。
ぜんぶでなん人ならんでいますか。

こたえ （　　　　　　　　　）人

2 れいのように10をわけます。
〇のなかにはいるかずをかきましょう。

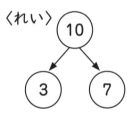

〈れい〉

（1）
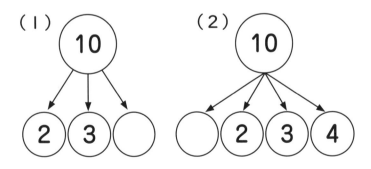

（2）

（3）
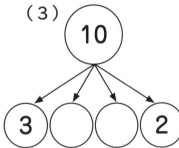

3 みぎのおうちは, 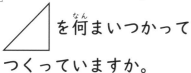 を何まいつかって
つくっていますか。

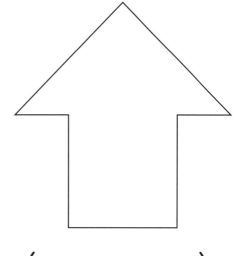

こたえ（　　　　　　　　　）まい

4 まるが5つあります。まるが2つかさなっているところは赤,
3つかさなっているところは青でぬりましょう。

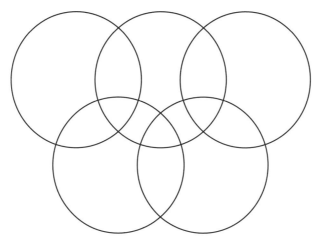

5 2，4，6，…と2とびでかずをとなえます。
23かい目にいうかずはなんですか。

こたえ（　　　　　　　　　）

1 答え 9人

実際に絵を描いてみるのがよい。

まえから5番目

2 答え 以下の通り

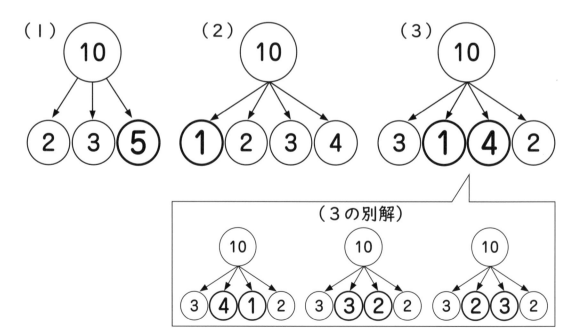

出題＝酒庭和夫，橋爪里佳，乙津優子

選＝鈴木基紘（編集チーム）

3　答え　16枚

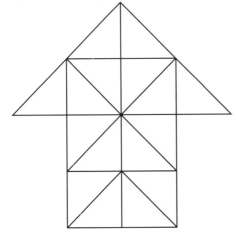

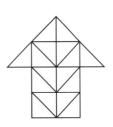
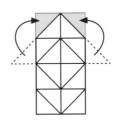

4　答え　以下の通り

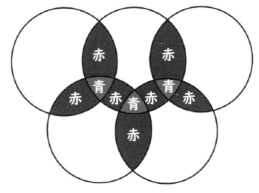

5　答え　46

　低学年でも2×23を2×10が2回と2×3とかけ算九九を応用して考えられる子もいるだろうが，2とびで数を書いて順番に数えていく。

2-4-6-8-10-12-14-16-18-20……10回

22-24-26-28-30-32-34-36-38-40……20回

42-44-46（23回目）

【引用文献】
酒庭和夫[1][2][3]『教室熱中！難問１問選択システム１年』P.106（明治図書）
橋爪里佳[4]　　『授業で使える新難問・良問＝５題１問選択システム１年』P.54（明治図書）
乙津優子[5]　　『授業で使える新難問・良問＝５題１問選択システム１年』P.78（明治図書）

難問
No.8

★もんだいが5問あります。1問だけえらんでときましょう。

1 ?の中には，どのむきのやじるしがはいりますか。
きまりをかんがえて，こたえましょう。

→ → → ← ↓ ↑ ← ↑ ↑ → → ? ← ↓ ↑ ← ↑ ↑ →

こたえ (　　　　　　　)

2 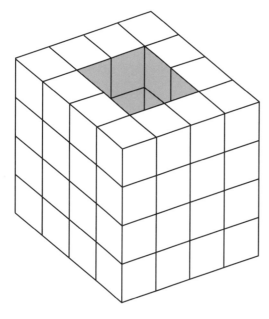のつみ木はぜんぶでなんこありますか。
（まん中のあなは下まであいています。）

こたえ (　　　　　)こ

3 （　　）の中に＋か－をいれて，こたえにあうけいさんにしましょう。

4（　　）3（　　）2（　　）1＝2
4（　　）3（　　）2（　　）1＝6
4（　　）3（　　）2（　　）1＝10

4 つぎのかたちは， 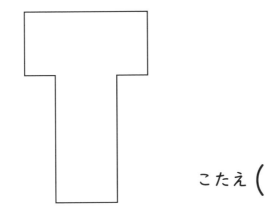 がなんまいでできますか。

こたえ（　　　　　　　　）まい

5 せんの上の3つのすうじをたしたとき，どこもおなじかずになるようにします。□にすうじをかきましょう。（□の中には，1，2，3，4，5，6のすうじが1かいずつはいります。）

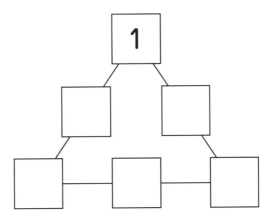

1 答え →

きまりは, →→→←↓↑←↑↑
よって,
→→→←↓↑←↑↑→→ →←↓↑←↑↑→
となる。

2 答え 48個

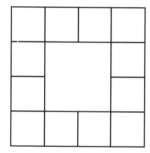

上から見ると左の図のようになる。
ブロックを分けて考えさせることがコツ。
いろいろな方法で解ける。
横に4つ輪切りにする。1段が□12こ分だから,
12+12+12+12=48こ
となる。

3 答え 以下の通り

4 (−) 3 (+) 2 (−) 1=2
4 (+) 3 (−) 2 (+) 1=6
4 (+) 3 (+) 2 (+) 1=10

4 答え　8枚

図形認識の問題である。

……のところがうまくイメージできれば，
おおいにほめてあげよう。

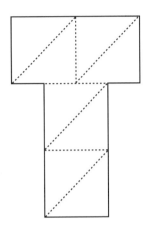

5 答え　以下の2通り

おなじみの数あわせである。
1から6までの数字を1個ずつ使ってつくる。

【合計が9の場合】　　　　　　　　　　【合計が10の場合】

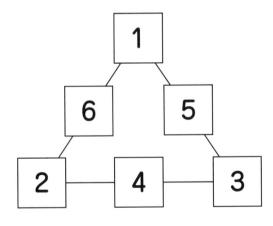

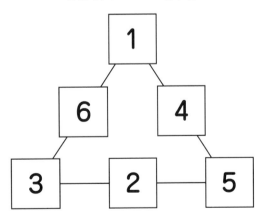

【引用文献】
東　光弘①　　　『授業で使える新難問・良問＝5題1問選択システム1年』P.94（明治図書）
福田一毅②③④⑤『教室熱中！難問1問選択システム1年』P.70（明治図書）

難問 No.9

★もんだいが5問あります。1問だけえらんでときましょう。

1　1から100までのかずを1回ずつかきました。さて，すうじの1をぜんぶでなん回かいたでしょう。

こたえ（　　　　　　　　）回

2　5人のはなしをきいて，すんでいるへやになまえをかきましょう。5人ぜんいんのへやをあててください。

> まりこ「下から1ばん目で，右から5ばん目のへやよ。」
> たかと「上から3つ目で，右から1つ目のへやなんだ。」
> のぞみ「下から4つ目で，左からも4つ目のへやなの。」
> こうた「下から3ばん目で，はじのへや。みゆきちゃんちのピアノの音がよくきこえてくるよ。」
> みゆき「たかとくんとおなじかいよ。でもあいだに4つもへやがあるの。」

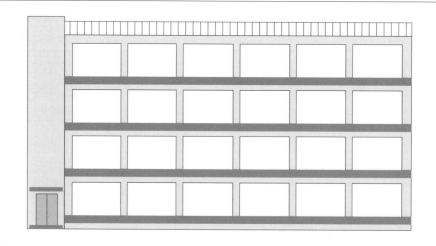

名前（なまえ）（   ）

3 三角（さんかく）のいたを４まいつかって，かざ車（ぐるま）のかたちをつくりました。このうち，１まいだけうごかしてできるかたちを，ぜんぶさがしてきごうをかきましょう。

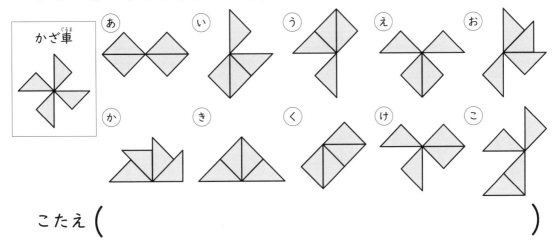

こたえ（   ）

4 おなじせんを２度（ど）となぞらず，かみからえんぴつをはなさないでかくことを「ひとふでがき」といいます。
　みぎのえを「ひとふでがき」しましょう。

5 □に，１から７のかずをひとつずつ入（い）れて，たてとよこのかずのごうけいがおなじになるようにしましょう。

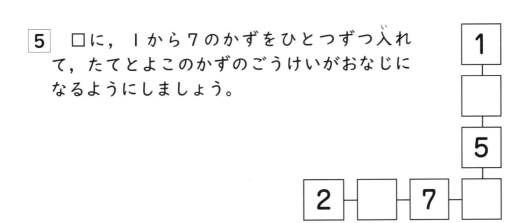

① 答え　21回

①	2	3	4	5	6	7	8	9	⑩
⑪	⑫	⑬	⑭	⑮	⑯	⑰	⑱	⑲	20
㉑	22	23	24	25	26	27	28	29	30
㉛	32	33	34	25	36	37	38	39	40
㊶	42	43	44	45	46	47	48	49	50
㊶	52	53	54	55	56	57	58	59	60
㊶	62	63	64	65	66	67	68	69	70
㊶	72	73	74	75	76	77	78	79	80
㊶	82	83	84	85	86	87	88	89	90
㊶	92	93	94	95	96	97	98	99	⑩0

　11は，1を2回分数える。1年生にはここが少し難しい。このような問題は，全ての数を書いていく「体力勝負」がうまくいく。書いていく際，10ずつきれいにそろえている子を，後で褒めたい。

② 答え　以下の通り

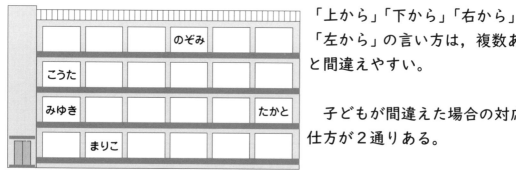

「上から」「下から」「右から」「左から」の言い方は，複数あると間違えやすい。

　子どもが間違えた場合の対応の仕方が2通りある。

①完全に正解でない限り，黙って×をつけたり，「違います」や「ブー」と言ったりしてプリントを返す。

②「4人（こ）正解です」のように，合っている数を言う。このとき，どこが合っているか（間違っているか）は言わない。すると，その子が次に解答を持ってきたとき，「3人（こ）正解になりました」と合っていた数が減ることもある。そこが面白い！

3 答え　い,う,お,け,こ

　いくつ正解があるかを，あえて告げない問題である。2と同じ対応ができる。「正解は5つです」と最初に告げる方法もある。

　この問題は，動いていない三角板に印をつけ，「3つが動いていないもの」を探せば答えが出やすい。しかし，その方法を考える1年生はほとんどいない。教師は，この「近道」を教えてはならない。子ども自身が「近道」に気づくことの教育的価値を教師は奪ってはいけない。

4 答え　以下の通り

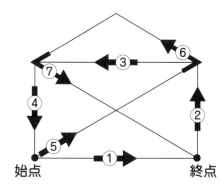

始点が左下の場合，右下が終点となる。
始点が右下の場合，左下が終点となる。
途中の道は，いくつもあるので，省略。

詳しい解説

5 答え　以下の通り

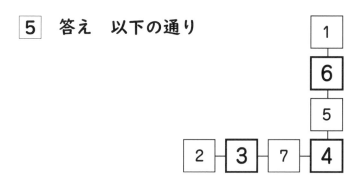

【引用文献】
桜木泰自 1 2 3 『教室熱中！難問1問選択システム1年』P.26（明治図書）
中地直樹 4 　　　『教室熱中！難問1問選択システム1年』P.86（明治図書）
布村岳志 5 　　　『授業で使える新難問・良問＝5題1問選択システム1年』P.34（明治図書）

★もんだいが5問あります。1問だけえらんでときましょう。

1 どうぶつをおもいじゅんにならべてかきましょう。

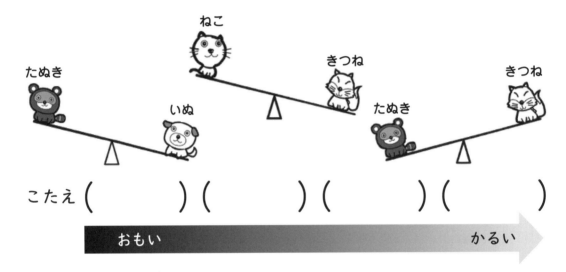

こたえ (   )(   )(   )(   )

おもい　　　　　　　　　　　　　　　かるい

2 さんかくをつくります。いちばん下のさんかくが2まいのとき，4まいで大きなさんかくができます。いちばん下のさんかくが3まいのとき，9まいで大きなさんかくができます。では，いちばん下のさんかくが5まいのとき，なんまいで大きなさんかくができるでしょうか。

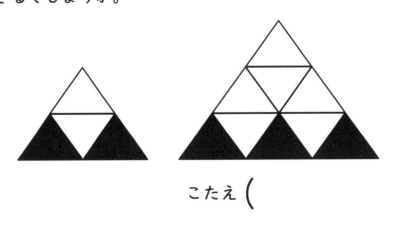

こたえ (   ) まい

名前（　　　　　　　　　　　　）

3 くまさんとりすさんがはなのたねをもっています。
どちらがどれだけおおくもっているでしょう。

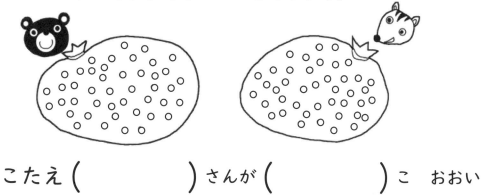

こたえ（　　　　　　）さんが（　　　　　　）こ　おおい

4 となりあうかずの大きいほうから小さいほうをひいていくと、
いちばん下のかずはいくつになるでしょう。

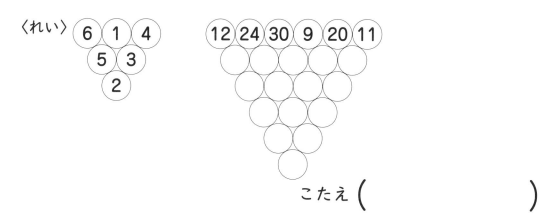

〈れい〉
6　1　4
　5　3
　　2

12 24 30 9 20 11

こたえ（　　　　　　　　　　）

5 下のかたちの中に、さんかくはなんこありますか。

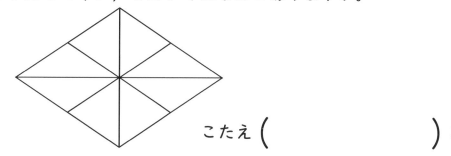

こたえ（　　　　　　　　　）こ

1 答え　いぬ　たぬき　きつね　ねこ

重い順に考えてみる。
いぬは，たぬきより重い。そのたぬきは，きつねより重い。
そのきつねは，ねこより重い。

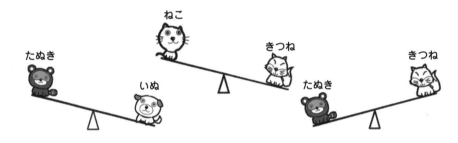

2 答え　25枚

　一番下の三角が2枚のとき，4まいで大きな三角ができる。一番下の三角が3枚のとき，9まいで大きな三角ができる。一番下の三角の数の二乗がその答えになるのだが，1年生には難しいので図にかいてみると答えがわかる。

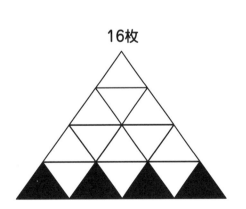

16枚

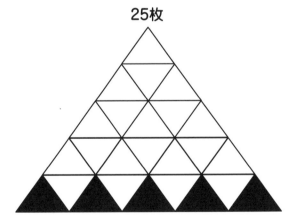

25枚

3 答え　くまさんが2個多い

　10ずつ囲んで，それぞれの数を数える方法もある。

　しかし，全体の数は問われていないので，玉入れの玉を数えるように，1つずつ斜線で消していく方法でもよい。

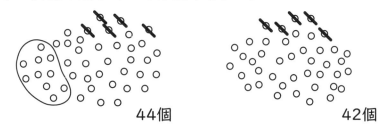

44個　　　　　　　　　42個

4 答え　1

　繰り下がりのないひき算，繰り下がりのあるひき算が，それぞれ確実にできれば一番下の数がわかる。

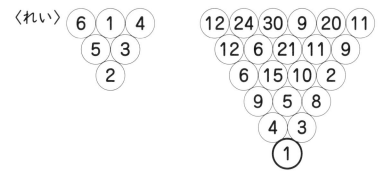

5 答え　16個

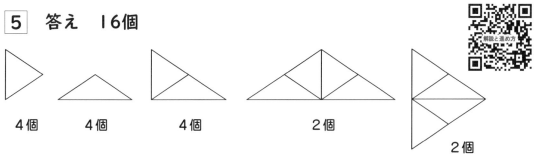

4個　　　4個　　　4個　　　　2個

2個

【引用文献】
塩苅有紀①②③④『教室熱中！難問1問選択システム1年』P.58（明治図書）
小田昌宏⑤　　　『授業で使える新難問・良問＝5題1問選択システム1年』P.58（明治図書）

難問 No.11

★もんだいが5問あります。１問だけえらんでときましょう。

1　つぎのすうじ０，１，３，６，７，８を，ヒントのようにならべました。どんなかずになりますか。

〈ヒント〉
①１は７の２つとなり
②７はいちばんみぎ
③８は１の３つとなり
④３は８のとなりで０のとなりでもある

こたえ

2　てんをせんでむすぶと，なんぼんのせんがひけますか。

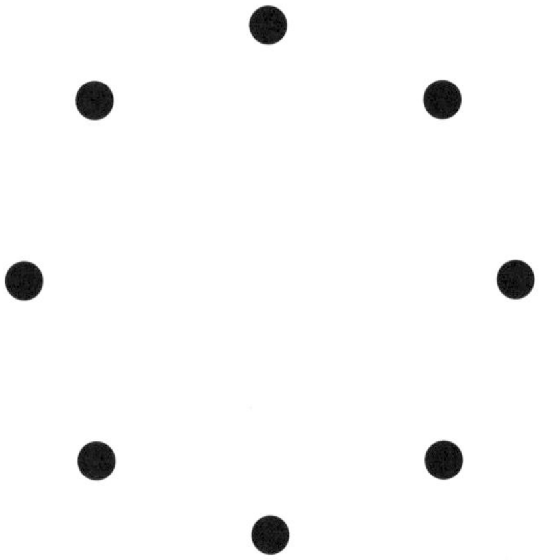

こたえ（　　　　　　　）ほん

名前（　　　　　　　　　　　　　　　　　）

3　たけしさんのクラスは20人です。
　　男の子と女の子のかずをしらべたら，男の子のほうが4人おおかったそうです。たけしさんのクラスは，男の子と女の子がなん人いるでしょう。

こたえ　男の子（　　　　　　　）人
　　　　女の子（　　　　　　　）人

4　□に＋か－を入れて，こたえが1になるようにします。

8□7□6□5□4□3□2 = 1

5　たけしさんは，かおりさんより，せがたかいです。
　　たけしさんはまさしさんより，せがひくいです。
　　3人の中で，いちばんせがたかいのは，だれでしょう。

こたえ（　　　　　　　）さん

1 答え

8	3	0	1	6	7

ヒントの②から考える。

「7はいちばんみぎ」と書いてあるので7の位置が決まる。

					7

次にヒント①を考える。

「１は7の２つとなり」なので

			1		7

ヒント③を考える。

「8は１の３つとなり」なので右にいくとマスがないので左に３つになる。

8			1		7

ヒント④を考える。

「3は8のとなり0のとなり」だから

8	3	0	1		7

あとは空いているところが６になる。

出題＝中地強，西尾文昭，今浦敏江

選＝橋本諒（編集チーム）

2 **答え　28本**

8この点があり，１つの点からは７ほんの線が引ける。
ただし，同じ線を２回数えているので，
7＋6＋5＋4＋3＋2＋1＝28

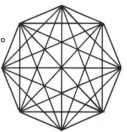

3 **答え　男の子12人　女の子8人**

20人からまず４人をひく。20-4＝16
これで男女が同じ数になったので，16を２つにわけて，8人と8人。
つまり，女の子の数は8人。男の子は8＋4＝12人

4 **答え**

（例）8-7＋6-5＋4-3-2＝1

5 **答え　まさしさん**

問題の１文目から，たけしさんはかおりさんより背が高い。
問題の２文目から，まさしさんはたけしさんより背が高い。
したがって，一番背が高いのはまさしさんとなる。

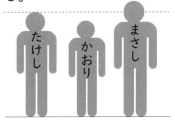

【引用文献】
中地　強①②③『教室熱中！難問１問選択システム１年』P.42（明治図書）
西尾文昭④　　『授業で使える新難問・良問＝5題1問選択システム1年』P.34（明治図書）
今浦敏江⑤　　『授業で使える新難問・良問＝5題1問選択システム1年』P.98（明治図書）

★もんだいが5問あります。1問だけえらんでときましょう。
もん　　　　　　　　　　　　　もん

1　花子さんのクラスが1れつにならんでいます。
　はなこ
　花子さんの前には5人います。
　はなこ　　　　　　にん
　あきおくんのうしろには7人います。
　　　　　　　　　　　　　　　　にん
　花子さんから，あきおくんの間には6人います。
　はなこ　　　　　　　　　　あいだ　　にん
　あきおくんからたろうくんの間には3人います。
　　　　　　　　　　　　　　あいだ　　にん
　たろうくんからなつ子さんの間には5人います。
　　　　　　　　　こ　　　あいだ　　にん
　花子さんからなつ子さんの間には2人います。
　はなこ　　　　　こ　　あいだ　　にん
　クラスにはなん人の人がいますか？
　　　　　　　にん　ひと

こたえ（　　　　　　　　）人
　　　　　　　　　　　　　にん

2　27人の子どもが3れつにならびます。1れつの人ずうはおなじ
　　　にん
です。1れつはなん人になるでしょうか。
　　　　　　　にん

こたえ（　　　　　　　　）人
　　　　　　　　　　　　　にん

名前（　　　　　　　　　　　　　　　　　）

3　3人の子どもがイチゴをたべました。やまだくんは，すずきくんより3こ多くたべました。いとうくんは，すずきくんより2こすくなくたべました。みんなのたべたイチゴは合わせて13こです。それぞれ，いくつのイチゴをたべましたか？

こたえ　やまだくん（　　　　　　　）こ

すずきくん（　　　　　　　）こ

いとうくん（　　　　　　　）こ

4　右のますに，1，2，3，6，7，9のすう字をいれて，たて，よこ，ななめ，どこをたしても15になるようにしましょう。

4		
	5	
8		

5　つみ木で，下のようなかたちをつくりました。ぜんぶで，なんこのつみ木をつかったでしょう。

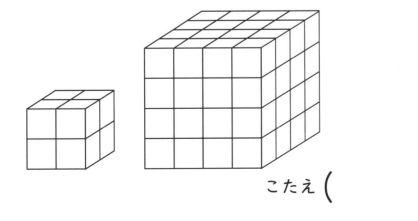

こたえ（　　　　　　　）こ

1 答え　20人

　　図を描いて考える。
「花子さんの前には5人います。」
「あきおくんのうしろには7人います。」
「花子さんから，あきおくんの間には6人います。」
から，花子さんとあきおくんの関係は次のようになる。

前 ○○○○○花○○○○○○あ○○○○○○○ 後

「あきおくんからたろうくんの間には3人います。」
から，たろうくんは次のいずれかになる。

前 ○○○○○花○○た○○○あ○○○た○○○ 後

　　このうち，
「たろうくんからなつ子さんの間には5人います。」
「花子さんからなつ子さんの間には2人います。」
の両方を満たすのは，次である。

前 ○○な○○花○○た○○○あ○○○○○○○ 後

合計20人になる。

2 答え　9人

　　図に表すとよい。

　　　○○○○○○○○○←9人
　　　○○○○○○○○○
　　　○○○○○○○○○

60

出題＝毛見隆，中村智治，木村正章，川原奈津子

選＝加藤友祐（編集チーム）

3　答え　やまだくん7個　すずきくん4個　いとうくん2個

次のように考える。
やまだくん　□＋3
すずきくん　□
いとうくん　□－2

□の中には同じ数字が入る。そして，3人の合計が13になる。

□の中に同じ数字を入れて確かめる。

例えば，2だと
やまだくん　2＋3＝5
すずきくん　2
いとうくん　2－2＝0　　5＋2＋0＝7⇒2ではない。

このように考えていくと，□は4となる。

4　答え　右の通り

3つのますのうち2つわかっている
ところから求める。

15－（4＋5）＝6
15－（8＋5）＝2

4	9	2
3	5	7
8	1	6

5　答え　72個

1辺が2個の立方体は，8個。1辺が4個の立方体は，64個。

合わせて，8＋64＝72

【引用文献】
毛見　　隆①③『教室熱中！難問1問選択システム1年』P.102（明治図書）
中村　智治②　『授業で使える新難問・良問＝5題1問選択システム1年』P.70（明治図書）
木村　正章④　『授業で使える新難問・良問＝5題1問選択システム1年』P.50（明治図書）
川原奈津子⑤　『授業で使える新難問・良問＝5題1問選択システム1年』P.106（明治図書）

★もんだいが5問あります。1問だけえらんでときましょう。

1 かえるが,はすの葉の上をとんでいます。行く時は1まいおき にとび,帰る時は2まいおきにとびます。行きも帰りも,上にの らないはすの葉は,何まいですか。

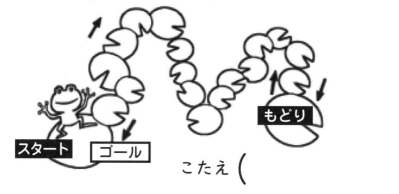

スタート　ゴール　もどり

こたえ (　　　　　　　) まい

2 のぶちゃんは,じゃんけんゲームをしました。グーでかつとお はじきを2こもらいます。パーかチョキでかつとおはじきを1こ もらいます。のぶちゃんは,じゃんけんで6回かっておはじきを 10こもらいました。グーでかったのは何回ですか。

こたえ (　　　　　　　) 回

3 ある組の人数は,29人です。背の順で1列にならぶと,のり ちゃんは前から20番目,たかちゃんは後ろから20番目です。の りちゃんとたかちゃんの間にいる人は,何人ですか。

こたえ (　　　　　　　) 人

名前<ruby>（<rt>なまえ</rt></ruby>   ）

4 どんなことばが出<ruby>て<rt>て</rt></ruby>くるでしょう。

> ① りら りら りら りら りら
> ② すり すり すり すり すり すり すり すり すり
> ③ おはな おはな おはな おはな
> ④ さ さ さ さ さ さ さ さ さ さ
> ⑤ じら じら じら じら じら じら じら じら じら

こたえ ① (   ) ② (   ) ③ (   )

　　　 ④ (   ) ⑤ (   )

5 □に＋か－を入れて，しきをつくりましょう。

5 □ 4 □ 3 □ 2 ＝ 10

8 □ 7 □ 6 □ 5 ＝ 2

7 □ 3 □ 9 □ 1 ＝ 0

1 答え　6まい

絵の上に，順番に印（チェック）を付けながらやっていけばわかる。
＊が，行き帰りとも乗らない葉っぱ。

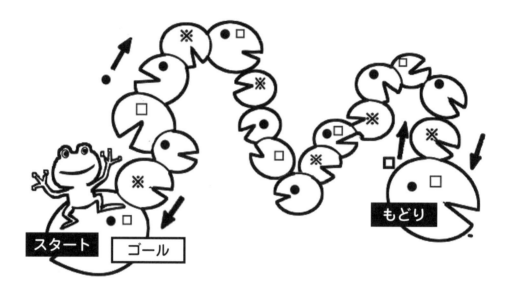

2 答え　4回

表を書くのは難しいので，表の様に「順番に考えていくと分かりやす
い」ことを，ヒントとして与えよう。

グーでの勝ち数	6	5	④	3	2	1	0
チョキパー	0	1	②	3	4	5	6
もらうおはじきの個数	12	11	⑩	9	8	7	6

3 答え　9人

みんなで29人

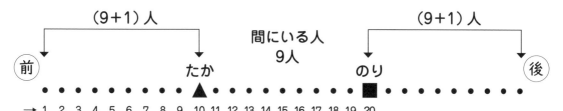

間の人数
=全員の人数－（前の人数＋たか）－（後ろの人数＋のり）
= 29－（9＋1）－（9＋1）
= 9

4 答え　①ごりら　②くすり　③おはなし
④さとう　⑤くじら

5 答え

5＋4＋3－2＝10
8－7＋6－5＝2
7＋3－9－1＝0

【引用文献】
佐藤　敏博①②③『教室熱中！難問１問選択システム１年』P.38（明治図書）
蔦谷明日人④　　『授業で使える新難問・良問＝5題1問選択システム1年』P.10（明治図書）
佐藤　志保⑤　　『授業で使える新難問・良問＝5題1問選択システム1年』P.70（明治図書）

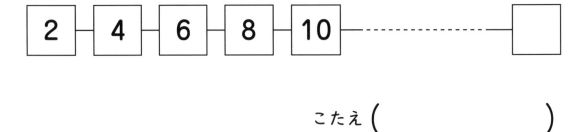

難問 No.14

★もんだいが5問あります。1問だけえらんでときましょう。

1 かずが，あるきまりでならんでいます。
32こ目の□に入るかずはなんでしょうか。

2 — 4 — 6 — 8 — 10 ------------ □

こたえ（　　　　　　　　）

2 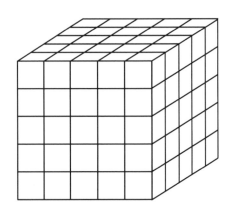 のつみ木をかさねて下のかたちをつくります。
つみ木はなんこいりますか

名前（　　　　　　　　　　）

3　つぎの★◆▲に入るかずをみつけて，もじにおきかえるとことばになります。なんということばでしょう。

11 − 8 = ★
1◆ − 7 = 9
14 − ▲ = 6

1	2	3	4	5	6	7	8	9
か	ん	す	み	ろ	ご	け	い	き

こたえ　きみは

★ □　◆ □　▲ □

4　アイスクリームをかうために，人がならんでいます。
すすむくんのまえに5人，うしろに3人ならんでいます。
ぜんぶでなん人ならんでいるでしょう。

こたえ（　　　　　）人

5　0，1，2，3，4の5まいのカードをつかって，3けたのかずをつくります。いちばん大きいかずはいくつでしょう。
またいちばん小さいかずはいくつでしょう。

こたえ　いちばん大きいかず（　　　　　）
　　　　いちばん小さいかず（　　　　　）

1 答え 64

2つずつ増えるきまりで数が並んでいる。

かけ算ができれば2×32＝64と求められるが，低学年では32個並べてみる方法が分かりやすいだろう。

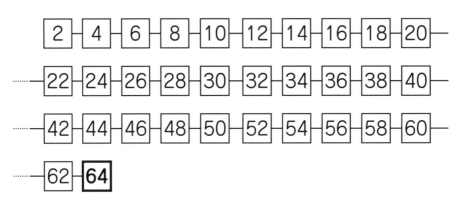

2 答え 125個

1段が25こで，それが5段あるから
25＋25＋25＋25＋25＝125

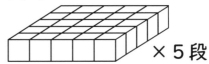

×5段

3 答え きみは ★す ◆ご ▲い

★……3 11－8＝3   ◆……6 9＋7＝16

▲……8 14－6＝8

これを表より文字に置き換え，3→す，6→ご，8→い

4 答え　9人

前の5人と後ろの3人で8人，さらにすすむくんを入れて9人となる。すすむくんを入れて数えられるのかがポイントである。

5 答え　いちばん大きいかず 432
　　　　　　いちばん小さいかず 102

大きい数は1番大きな数から並べていくとよい。小さい数も小さい順に並べればよいわけだが，012という表し方はしない。そこで1を先に置き，あとは小さい順に並べればよい。

【引用文献】
雪入哲也『教室熱中！難問1問選択システム1年』P.46（明治図書）

★もんだいが5問あります。1問だけえらんでときましょう。

1 ましかく，ながしかく，三角は，それぞれなんこですか。

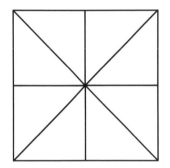

こたえ

ましかく □ (　　　　　) こ

ながしかく ▭ (　　　　　) こ

さんかく ◺ (　　　　　) こ

2 こたえが9になるところに色をぬりましょう。

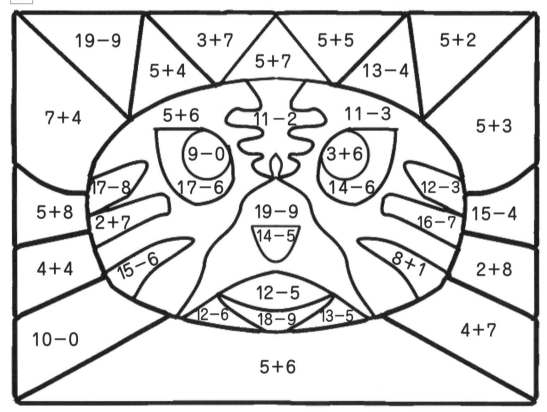

19−9　3+7　5+5　5+2
5+4　5+7　13−4
7+4　5+6　11−2　11−3　5+3
9−0　3+6
17−8　17−6　14−6　12−3
5+8　2+7　19−9　16−7　15−4
14−5
4+4　15−6　8+1　2+8
12−5
12−6　18−9　13−5　4+7
10−0
5+6

名前（　　　　　　　　　　　　　　）

3　（　）のなかに＋か－のどちらかをいれて，正しいしきにしましょう。

5（　　　　）3（　　　　）8＝10
5（　　　　）3（　　　　）8＝0
5（　　　　）3（　　　　）8＝16

4　子どもたちが1れつにならんでいます。みよこさんのまえには5人います。みよこさんのうしろにはかおりさんがいます。
　かおりさんは，うしろから6ばん目です。ぜんぶでなん人いますか。

こたえ（　　　　　　　）人

5　たてに12こ，よこに12こずつ，ごいしがならんでいます。
　まんなかには，くろのごいしがたてに8こ，よこに8こ，ならんでいます。どちらのごいしがなんこ多いですか。

こたえ
（　　　　　　　）のごいしが
（　　　　　　　）こ多い

1年生　難問　71

1 　答え　真四角5個　長四角4個　三角16個

真四角は□が4個で，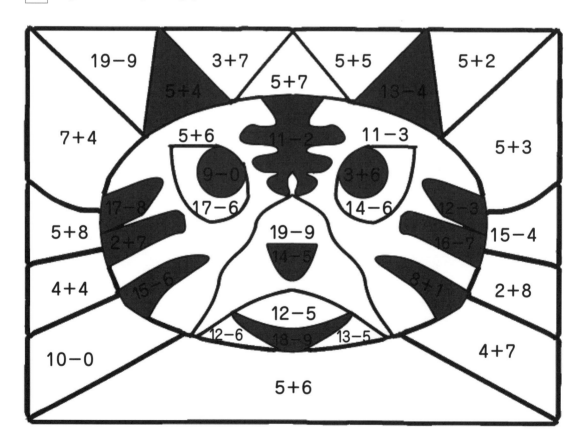が1個で，あわせて5個。

長四角は　が4個。

三角は　が8個，　が4個，　が4個，
あわせて16個。

2 　答え　以下の通り

19−9	3+7		5+5	5+2
	5+4	5+7	13−4	

7+4　　5+6　　11−2　　11−3　　5+3

9−0　　　3+6

17−6　　14−6

17−8　　12−3

5+8　　　　　　　　　　　　15−4
2+7

19−9

14−5

16−7

4+4　　　　　　　　　　　8+1　　2+8
15−6

12−5

12−6　　18−9　　13−5

10−0　　　　　　　　　　　　4+7

5+6

3 答え　以下の通り

$$5 (-) 3 (+) 8 = 10$$
$$5 (+) 3 (-) 8 = 0$$
$$5 (+) 3 (+) 8 = 16$$

4 答え　12人

5 答え　白の碁石が16個多い

白　80個
黒　64個

$$12 \times 12 = 144$$
$$8 \times 8 = 64$$
$$144 - 64 = 80$$
$$80 - 64 = 16$$

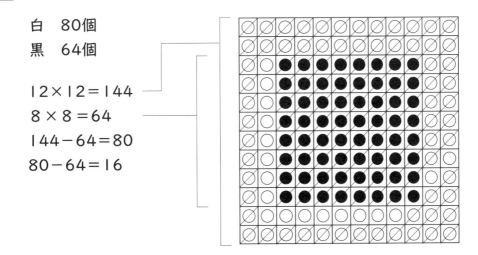

【引用文献】
荒谷卓朗『教室熱中！難問1問選択システム1年』P.62（明治図書）

★もんだいが5問あります。1問だけえらんでときましょう。

1　めいろをとおりぬけます。
　　入口から出口まで1からじゅんに25まですうじがつながるように，あてはまるかずをかきましょう。
　　とおったみちはあかえんぴつでたどってね。

〈れい〉

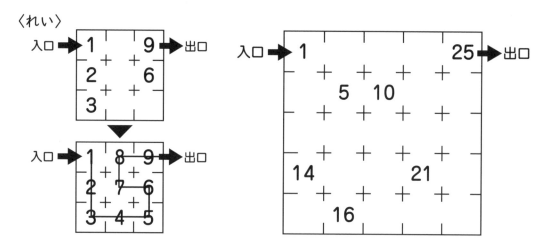

2　マークがわっかにかこまれています。
　　10てんのわっかにいちばんちかいわっかを，あかえんぴつでなぞりましょう。（ひとつとはかぎりません）

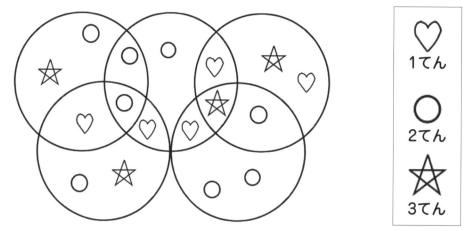

♡
1てん

○
2てん

☆
3てん

74

名前 (   )

3 さいふにおかねがはいっています。
ぜんぶでいくらになりますか。

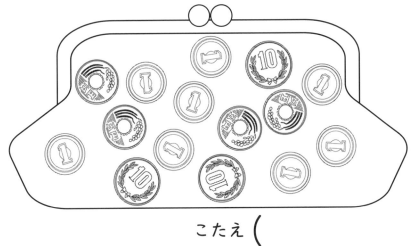

こたえ (   ) えん

4 □のなかに＋か－を入れて，しきをつくりましょう。

〈れい〉
4 □ 3 = 1
↓
4 － 3 = 1

① 9 □ 2 = 7
② 9 □ 3 □ 2 = 4
③ 9 □ 3 □ 2 = 8
④ 9 □ 4 □ 3 □ 2 = 6

5 ◺ をなんまいつかっていますか。

〈れい〉

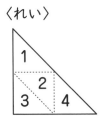

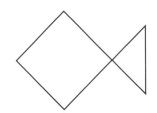

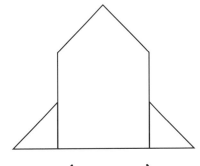

(4) まい   こたえ (   ) まい   こたえ (   ) まい

解答と解説 No.16

1 答え 以下の通り

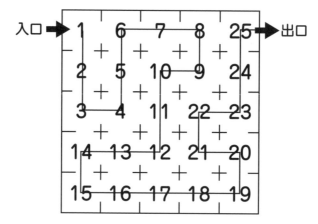

5に注目させると，10までは問題なく入るであろう。
10から14に行くところがポイントである。

2 答え 以下の通り

太くなっている輪が答えである。

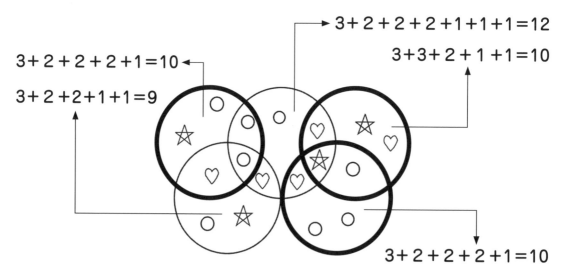

3＋2＋2＋2＋1＝10

3＋2＋2＋1＋1＝9

3＋2＋2＋2＋1＋1＋1＝12

3＋3＋2＋1＋1＝10

3＋2＋2＋2＋1＝10

3 答え　58円

　　　　　　1円→8まい…8円
　　　　　　5円→4まい…20円
　　　　　　10円→3まい…30円　　　合計　58円

4 答え

　　① 9 − 2 ＝ 7
　　② 9 − 3 − 2 ＝ 4
　　③ 9 − 3 ＋ 2 ＝ 8
　　④ 9 − 4 ＋ 3 − 2 ＝ 6

5 答え

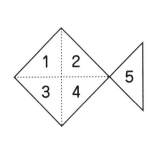

5まい

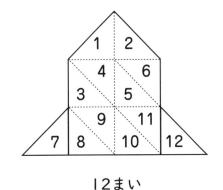

12まい

【引用文献】
渡辺佳起『教室熱中！難問1問選択システム1年』P.54（明治図書）

★もんだいが5問あります。1問だけえらんでときましょう。

1　かずがきまったじゅんばんにならんでいます。しかくのなかに
あてはまるかずをかきましょう。

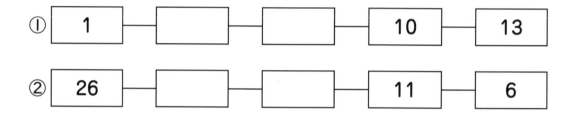

① | 1 | | | 10 | 13 |

② | 26 | | | 11 | 6 |

2　まる・ながしかく・さんかくはなんこありますか。

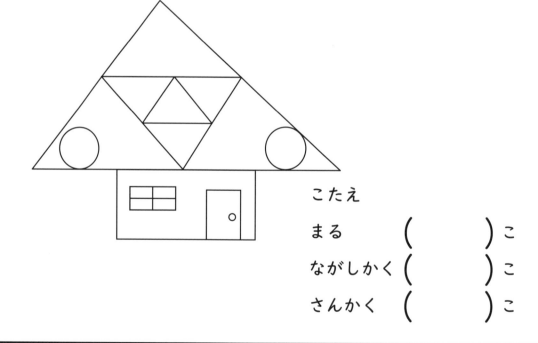

こたえ

まる　　　　　（　　　　）こ

ながしかく　（　　　　）こ

さんかく　　（　　　　）こ

3 いくらあるでしょう。

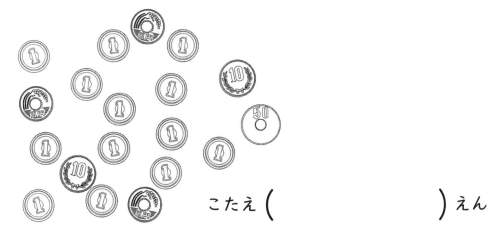

こたえ（　　　　　　　）えん

4 とけいがかがみにうつっています。なん時なん分ですか。

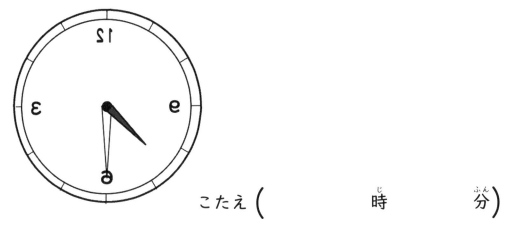

こたえ（　　　　時　　　　分）

5 1ねん3くみは，ぜんぶで30人います。1れつにならぶと，あきらくんはまえから20ばん目，りかさんはうしろから15ばん目です。あきらくんとりかさんのあいだにはなん人いますか。

こたえ（　　　　　　　）にん

1 答え　以下の通り

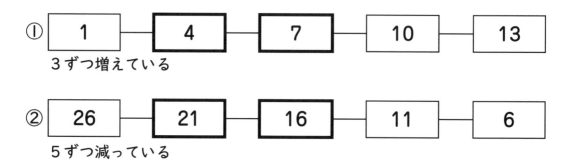

① 1 — 4 — 7 — 10 — 13
3ずつ増えている

② 26 — 21 — 16 — 11 — 6
5ずつ減っている

2 答え
まる3個　ながしかく11個　さんかく9個

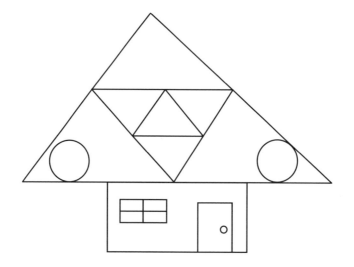

選＝林田花蓮（編集チーム）

3　答え　**98円**

1円	①①①①①①①①①① ①①①	13円
5円	⑤⑤⑤	15円
10円	⑩⑩	20円
50円	㊿	50円

13＋15＋20＋50＝98

4　答え　**7時30分**

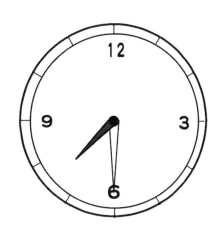

5　答え　**3人**

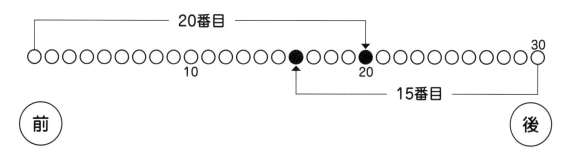

【引用文献】
佐藤尚子　『教室熱中！難問１問選択システム１年』P.82（明治図書）

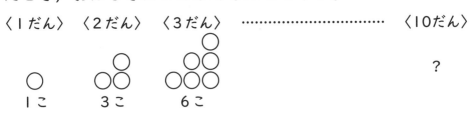

難問 No.18

★もんだいが5問あります。1問だけえらんでときましょう。

1 どんなことばが出てくるでしょう?

> ① はん はん はん はん はん
> ② に に に に に に に に
> ③ おか おか おか おか
> ④ なっ なっ なっ なっ なっ なっ なっ なっ なっ なっ

こたえ ① (   ) ② (   )
       ③ (   ) ④ (   )

2 □の中に, +か−のどちらかを入れましょう。

> ① 1□2□3＝0
> ② 5□1□2＝8
> ③ 4□1□3＝0
> ④ 6□2□5＝3

3 下のずのように, おはじきをならべていきます。10だんになったとき, おはじきはぜんぶでなんこですか。

〈1だん〉 〈2だん〉 〈3だん〉 ……………………………… 〈10だん〉

1こ   3こ   6こ   ?

こたえ (   ) こ

名前（　　　　　　　　　　　　　　　　）

4　「すうじなぞなぞ」です。

〈れい〉10＋3 こたえ(とうさん)

① 　2＋3 （ヒント：男のきょうだい）
② 　8＋7＋8＋3 （ヒント：花をうっています）
③ 　5＋9＋6＋3 （ヒント：しごとがおわったらいわれます）
④ 　7＋5＋3 （ヒント：子どものおいわいごと）

こたえ　① (　　　　　　　) ② (　　　　　　　)
　　　　③ (　　　　　　　) ④ (　　　　　　　)

5　このなかに，「ながしかく」はいくつあるでしょう。おなじしかくはなんかいもつかいます。
　　「ながしかく」とは，□□ または □□□，□□□ のことです。

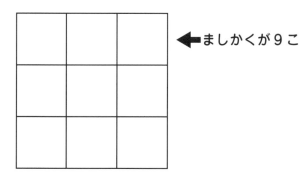

←ましかくが9こ

こたえ (　　　　　　　　　　) こ

発展問題

1 答え　以下の通り

① 「はん」が「5（ご）」なので，「ごはん」
② 「に」が「9（く）」なので，「にく」
③ 「おか」が「4（し）」なので，「おかし」
④ 「なっ」が「10（とう）」なので，「なっとう」

2 答え　以下の通り

① $1+2-3=0$
② $5+1+2=8$
③ $4-1-3=0$
④ $6+2-5=3$

3 答え　55個

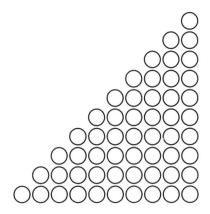

$1+2+3+4+5+6+7+8+9+10=55$

4　答え　以下の通り

①　2＋3　男のきょうだい → にいさん
②　8＋7＋8＋3　花をうっている → 花やさん
③　5＋9＋6＋3　お仕事がおわったらいわれる → ごくろうさん
④　7＋5＋3　子どものおいわいごと → しちごさん

5　答え　22個

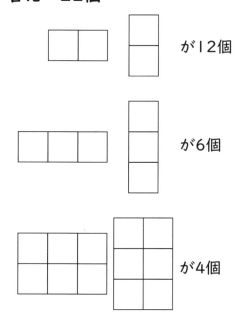

が12個

が6個

が4個

12＋6＋4＝22

【引用文献】
金子　史①②④⑤『教室熱中！難問 1 問選択システム 1 年』P.110（明治図書）
大貝浩蔵③　　　『授業で使える新難問・良問＝5題1問選択システム1年』P.98（明治図書）

難問
No.19

★もんだいが5問あります。1問だけえらんでときましょう。

1　たぬきの家はどこでしょうか。下のヒントをよんでかんがえましょう。

〈ヒント〉①たぬきの家は，うさぎのとなりではない。
　　　　②パンダの家は，みぎから4ばんめにある。
　　　　③コアラの家は，くまのとなりにある。
　　　　④ぞうの家は，パンダとくまのあいだにある。

こたえ　たぬきの家は（　　　　　　　　　）

2　しきとこたえのあわないところがあります。はしごの1つに×をして，正しいあみだにしましょう。

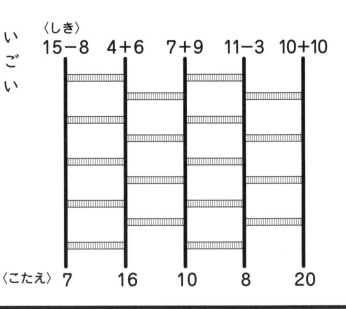

3 ⃞ 1 ⃞ 2 ⃞ 3 ⃞ 4 ⃞ 5 ⃞ 6 ⃞ 7 ⃞ 8 のカードがあります。

どのカードも１回ずつつかって，正しいしきをつくりましょう。

$$4 - ⃞ = 1$$
$$⃞ - ⃞ = 3$$
$$⃞ - ⃞ = 5$$
$$⃞ + ⃞ = 7$$

4 ⃞ スタートからゴールまで，とちゅうの数字をたして10になるようにつづけて進みましょう。同じ道は通れません。

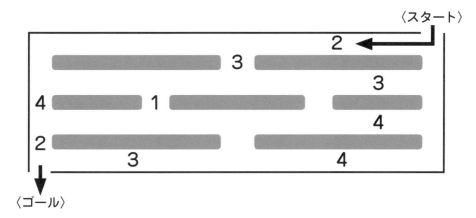

〈スタート〉

2

3

3

4 1

4

2

3

4

〈ゴール〉

5 ⃞ さいふのなかに，こぜにが13まい入っています。ぜんぶで100円ありました。それぞれなんまいあったのでしょうか。こぜには，どのしゅるいもあります。

こたえ （　　）まい （　　）まい （　　）まい （　　）まい

解答と解説 No.19

1 　答え　う

①より，「あ」と「い」が消える。
②より，「え」が消える。
③より，コアラの家は「お」か「か」である。
④より，ゾウの家は「お」，コアラの家は「か」である。
①～④より，たぬきの家は，「う」である。

2 　答え　以下の通り

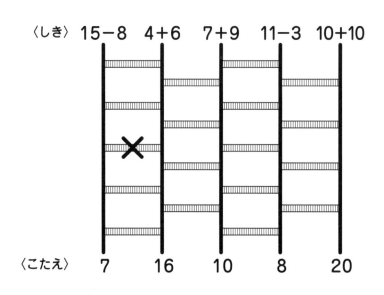

〈しき〉　15−8　4+6　7+9　11−3　10+10

〈こたえ〉　7　　16　　10　　8　　20

〈参考文献〉『オツムを揺さぶる！右脳クイズ』　ブレイン・ハッカーズ編著（コスモ出版）

3 答え　以下の通り

$$\boxed{4} - \boxed{3} = 1$$
$$\boxed{8} - \boxed{5} = 3$$
$$\boxed{7} - \boxed{2} = 5$$
$$\boxed{1} + \boxed{6} = 7$$
$$(\ \boxed{6} + \boxed{1}\ )$$

4 答え　以下の通り

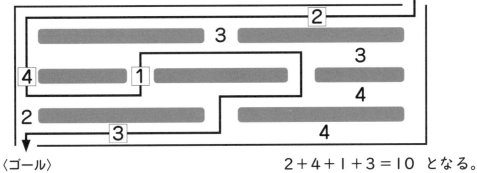

2＋4＋1＋3＝10　となる。

5 答え　以下の通り

（ 1 ）枚　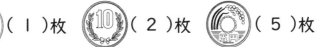（ 2 ）枚　（ 5 ）枚　（ 5 ）枚

体力主義で解く問題。何度も繰り返したし算をして答えを見つける。

50円は2枚で100円になってしまうので，1枚とする。

のこりの10円，5円，1円で考える。

〈50円を12枚でつくる〉

10円	4枚	3枚	3枚	2枚
5円	1枚	3枚	2枚	5枚
1円	5枚	5枚	10枚	5枚
計	10枚	11枚	15枚	12枚

【引用文献】
後藤あゆみ①②③④『教室熱中！難問1問選択システム1年』P.78（明治図書）
伴　　佳代⑤　　　『教室熱中！難問1問選択システム1年』P.94（明治図書）

★もんだいが5問あります。1問だけえらんでときましょう。

1　ふかさが10メートルのいどのそこに，のんびりガエルがいます。のんびりガエルは，あさ3メートルのぼって，ゆうがた2メートルずりおちます。いどからでるまでになんにちかかりますか。

こたえ（　　　　　　　　）にち

2　下のかたちの中に，しかくいかたちはなんこかくれていますか。

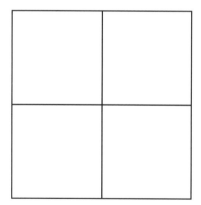

こたえ（　　　　　　　　）こ

3 ○にすうじをいれて，さくらんぼツリーをかんせいさせましょう。

〈さくらんぼツリーのれい〉

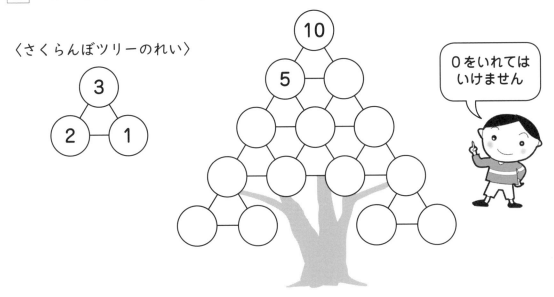

0をいれては
いけません

4 1から100までのかずをかきました。すうじの2をぜんぶでなんかいかいたでしょうか。

こたえ（　　　　　　　　　）かい

5 こたえが9になるところにいろをぬりましょう。どんなすうじが出てくるかな。

15 − 6	11 − 2	18 − 9	14 − 5
12 − 3	17 − 9	15 − 7	17 − 8
16 − 8	11 − 3	16 − 9	13 − 4
12 − 4	14 − 6	13 − 5	16 − 7

こたえ

（　　　　　　　　　）

1 答え 8日

　普通は1日に登る距離を，「3－2＝1」で「1m」と考えて，「10日」と答えがちだ。本来は，7日目にあと3mの地点に到達する。そして，8日目の朝，3m登ったカエルは，ずりおちることなしに，井戸から脱出することができる。

　この問題では，いかに問題の状況をイメージできるかが大切である。安易に暗算に走ってはできないのである。

2 答え 9個

　「4こ」は誤答である。
正答するためには，次の視点を持たなければならない。
①「四角い形」を「正方形」と「長方形」ととらえる。
②重なっている図形もとらえる。
　これらの視点をもつことができれば，5こ目以降のものも見つけ出せる。

1	2
3	4

5
6

7	8

9

出題＝竹森正人，塩沢博之

選＝橋本諒（編集チーム）

3　以下の通り

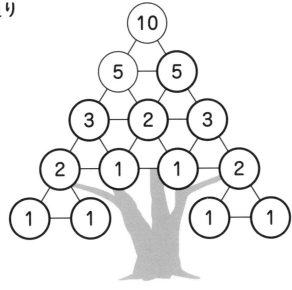

4　答え　20回

2, 12, 20, 21, 22, 23, 24, 25, 26, 27, 28,
29, 32, 42, 52, 62, 72, 82, 92
全部の数を書き出していけばよい。

5　答え　7

15 − 6	11 − 2	18 − 9	14 − 5
12 − 3	17 − 9	15 − 7	17 − 8
16 − 8	11 − 3	16 − 9	13 − 4
12 − 4	14 − 6	13 − 5	16 − 7

【引用文献】
竹森正人①②③『教室熱中！難問1問選択システム1年』P.50（明治図書）
塩沢博之④⑤　『教室熱中！難問1問選択システム1年』P.66（明治図書）

1 　いちばんかずのおおいどうぶつといちばんかずのすくないどうぶつのかずのちがいはなんびきですか。

こたえ（　　　　　　　）ひき

2 　いちごが12こあります。2人でわけたら下のようになりました。なかよく同じかずにするには，1人なんこにすればいいですか。

あれ？
ぼくのほうが
すくないよ。

こたえ（　　　　　　　）こ

名前（　　　　　　　　　　　　　　）

3 いちばんおおくでてくるすうじはなんですか。

3	5	7	9	8	1	4	2	7
1	3	4	7	2	3	7	9	5
4	2	7	7	5	9	1	1	6

こたえ（　　　　　　　　　）

4 小学生10人にアンケートをとりました。
犬とカレーがすきな人は2人，ねことカレーがすきな人は1人
で，犬とラーメンがすきな人は3人でした。
ねことラーメンがすきな人はなん人ですか。

	いぬ	ねこ	合計
カレー	2	1	3
ラーメン	3	?	7
合計	5	5	10

こたえ（　　　　　　　　）人

⑤ 車　　　　１てん
ふね　　　　２てん
ひこうき　　５てん
とします。
ぜんぶでなんてんになりますか。

こたえ（　　　　　　　）てん

⑥ さんかくとしかくはそれぞれなんこありますか。

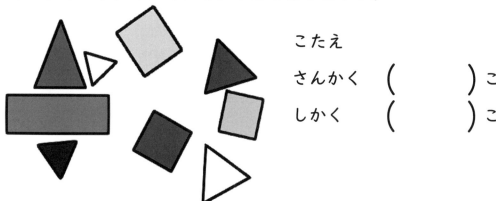

こたえ

さんかく　（　　　　）こ

しかく　　（　　　　）こ

⑦ ３つあるすうじから２をひくといくつですか。

| 1 | 5 | 6 | 9 | 8 | 1 | 4 | 2 | 7 |
| 4 | 2 | 6 | 9 | 5 | 3 | 1 | 1 | 6 |

こたえ（　　　　　　　　）

8 3　41　50　32　3　15　12　34　22

　　0から5のすうじはそれぞれなんこありますか。

こたえ

0（　　　　　　）こ　　　1（　　　　　　）こ　　　2（　　　　　　）こ

3（　　　　　　）こ　　　4（　　　　　　）こ　　　5（　　　　　　）こ

9　クラスの子のたんじょう月をしらべました。
　　　〇をつかってグラフにまとめましょう。

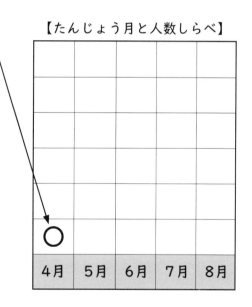

	たんじょう月
たかし	~~4月~~
けんご	8月
ゆき	5月
ひろあき	4月
よしみ	6月
ごろう	8月
いちろう	6月
ゆうじ	7月
ひろみ	4月
しんじ	5月
ゆめ	7月
なつみ	6月

10　何月生まれの人がいちばんおおいですか。

　　　　　　　　　　こたえ（　　　　　　　　　　　　）

1　答え　3匹

きつねが7匹　うさぎが6匹　りすが4匹なので,
一番多いのはきつね,少ないのはりすとなる。
きつね引くりすで,答えは3。

2　答え　6個

左の子が4個,右の子が8個持っている。
右の子から1つずつあげていく。
6個で同じになる。

3　答え　7

正確に数えていく。
1が4回,2が3回,3が3回,4が3回,
5が3回,6が1回,7が6回,8が1回,9が3回となる。
一番多く出てくるのは,7。

4　答え　4人

	いぬ	ねこ	合計
カレー	2	1	3
ラーメン	3	?	7
合計	5	5	10

表をヒントにする。

ラーメンとねこが好きな子は，？マークのところになるので，縦に見て，合計の5から1を引いて4となる。

もしくは，横に見て，合計の7から3を引いて4でもよい。

【参考文献】
日本文教出版『小学校算数・中学校数学「データの活用」指導の初歩の初歩』

⎡5⎤ **答え　13点**

車が4つで4点，船が2つで4点，飛行機が1つで5点。
合わせると，13点となる。

⎡6⎤ **答え　三角5個　四角4個**

正確に数えていく。

⎡7⎤ **こたえ　4**

まずは正確に数えていく。
1が4回，2が2回，3が1回，4が2回，5が2回，
6が3回，7が1回，8が1回，9が2回となる。
3回出てくるのは，6。
6から2を引いて4となる。

8 答え

0＝1個　　1＝3個　　2＝4個
3＝4個　　4＝2個　　5＝2個

9 答え

1つずつ，チェックしながら○していく。
右のようになる。

10 答え　4月と6月

グラフを見て，多いもの
を選べばよい。
　4月，6月は3人なので，
一番多い。

【たんじょう月と人数】

○		○		
○	○	○	○	○
○	○	○	○	○
4月	5月	6月	7月	8月

【参考文献】
日本文教出版『小学校算数・中学校数学「データの活用」指導の初歩の初歩』

1 あいこちゃんがだいすきなようふくをきて，かがみにうつすと，ひだりがわにみえていたもようがみぎがわにみえました。

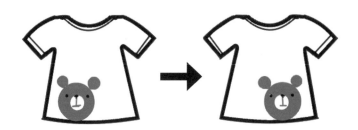

下の①～④のようふくのうち，かがみにうつしても，まったくおなじにみえるものはどれですか。

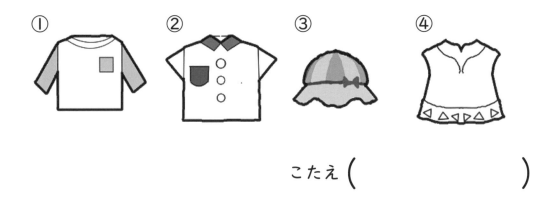

こたえ（　　　　　　　　　）

2 つぎの□に入るけいさんのきごうはなんですか。

$$5 \boxed{} 2 \boxed{} 1 = 6$$

3 くすりをきれめにそって, まっすぐわって, 1つぶずつにします。なんかいわればよいですか。

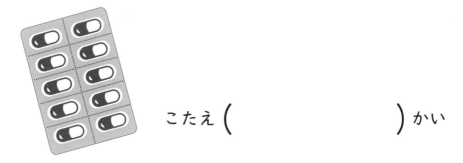

こたえ（　　　　　　　）かい

4 スペード（♠）とハート（♥）のマークに入るすうじはなんですか。♥にはおなじすうじが入ります。

| ♠ | − | ♥ | = | 1 |

| ♥ | + | ♥ | + | ♥ | = | 6 |

こたえ

（♠は　　　　　　　）
（♥は　　　　　　　）

5 ブタさん, イヌさん, パンダさんのカードが, あるきまりでならんでいます。カードはぜんぶで12まいあります。ブタさんのカードはぜんぶでなんまいありますか。

こたえ（　　　　　　　）まい

6 どうぶつのおもさをくらべました。

① ②

①ゾウさん１とうが，ブタさん４ひきと同じおもさです。
②ゾウさん１とうが，クマさん２とうと同じおもさです。
では，クマさん１とうは，ブタさんがなんひきのおもさと同じですか。

こたえ（　　　　　　　　　）ひき

7 あか，しろ，きいろの３つのひきだしを上，下，みぎ，ひだりに，同じいろにならないようにならべています。
　①，②にならぶひきだしのいろは，それぞれなにいろですか。

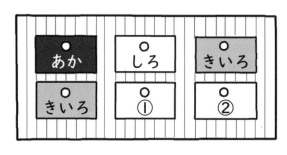

こたえ（①　　　　　いろ，②　　　　　いろ）

名前（　　　　　　　　　　　　　）

8 つぎの〇，□，△に入るすうじはいくつですか。

$$\bigcirc + \bigcirc = \square \qquad \bigcirc - \bigcirc = \triangle \qquad \bigcirc + \square + \triangle = 6$$

こたえ　〇（　　　　）　□（　　　　）　△（　　　　）

9 同じ大きさのつみ木をいくつかつみあげました。①と②はつみあげたかたちを，しょうめんとみぎよこからみたものです。
つみ木はなんこありますか。

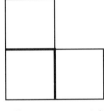 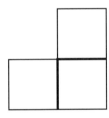

〈①しょうめん〉　　〈②みぎよこ〉

こたえ（　　　　　　　　　）こ

10 2まいのかみをかさねると，
つぎのようにいろがかわります。

| あか＋しろ＝ピンク，あか＋あお＝むらさき |

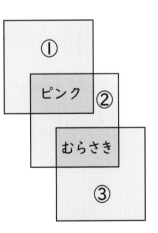

①，②，③のかみのいろは，
それぞれなにいろですか。

こたえ（①　　　　いろ，②　　　　いろ，③　　　　いろ）

1 答え ④

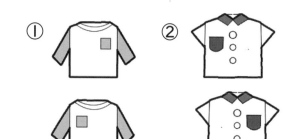

2 答え 5+2-1

5□2□1=6の□に入る＋と－の組み合わせを考える。

＋と＋　　5＋2＋1＝8
－と＋　　5－2＋1＝4
－と－　　5－2－1＝2
＋と－　　5＋2－1＝6　　　よって，＋と－。

3 答え 9回

先に縦に1回割り，横にそれぞれ4回ずつ割る方法。
先に横に4回割り，縦に5回割る方法。

4 　答え　♠3　♥2

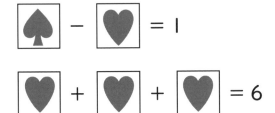

$$♠ - ♥ = 1$$

$$♥ + ♥ + ♥ = 6$$

同じ数を3つ足して6になるのは2。
よって♥は2。♠は3。

5 　答え　4枚

で1つグループとなって12枚並べている。

このきまりに気づくことができれば，ブタのカードは最初にくるので4枚。

どの動物も4枚になることがわかる。

├──────────────── 12枚 ────────────────┤

【引用文献】
①②『GLOBAL MATH CHALLENGE』https://ja.global-math.com
③④⑤ソニー・グローバルエデュケーション『プログラミング脳をこれから鍛える本「5つの思考回路」と「世界算数」で問題解決力を高めよう』

6 答え　2匹

　①と②より，クマさん2頭とブタさん4匹が同じ重さである。
よって，クマさん1頭は，ブタさん2匹と同じ重さとなる。

7 答え　①あか　②しろ

　①の引き出しは「しろ」の下，「きいろ」の右横にある。したがって
①は「あか」。すると②に「きいろ」と「あか」は使えないので，②は
「しろ」になる。

8 答え　〇は2　□は4　△は0

　3つの式で，最初に解けるのは△。
〇－〇＝△で同じものを引くから△は0。
〇＋□＋0＝6より〇＋□＝6となる。
〇＋〇＝□に1，2・・・とあてはめていくと，
〇＝2，□＝4になる。

⑨　答え　4個

立体にすると分かりやすい。
隠れている1つを足して4つ。

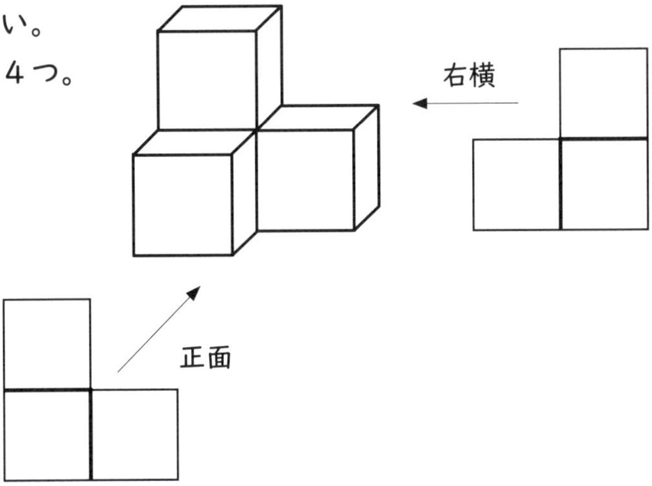

右横

正面

⑩　答え　①しろ　②あか　③あお

> あか＋しろ＝ピンク，あか＋あお＝むらさき　より，

2枚とも重なっている②が「あか」。
したがって①が「しろ」，③が「あお」。

【引用文献】
ソニー・グローバルエデュケーション
『プログラミング脳をこれから鍛える本　「5つの思考回路」と「世界算数」で問題解決力を高めよう』
『GLOBAL MATH CHALLENGE』https://ja.global-math.com

1　教室で，図のようなせきですわっています。

りささんは，前から3ばんめ，右から2ばんめのせきです。

りささんの右がたかしくんのせきです。たかしくんのうしろには，ひろしさんがいます。ひろしさんの4つ左がぼくのせきです。

　ぼくのせきは，どこでしょう。

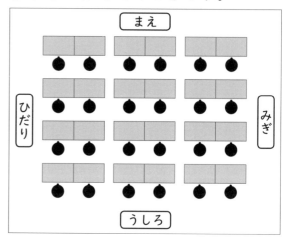

こたえ　前から（　　　　）ばんめ，右から（　　　　）ばんめ

2　下のかたちは，それぞれどのかたちのことでしょう。

①よこから見ても，上から見ても，おなじかたちをしています。
②よこから見たときと，上から見たときで，かたちがちがいます。
③このかたちは，かどがありません。

 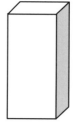

こたえ（　　　　）（　　　　）（　　　　）

名前（　　　　　　　　　　　　　）

3　10人の子どもが1れつにならんでいます。さとしさんは，うしろから8ばん目です。さとしさんとえみこさんの間には，4人います。えみこさんの2人うしろは，たくみさんです。たくみさんは，前からなんばん目ですか。

こたえ　前から（　　　　　　　　　　）ばん目

4　いもうとは，チョコを3こもっています。ぼくは，いもうとより3こ多くもっています。兄は，ぼくより4こ多くもっています。おやつに，みんなじぶんのチョコを3こたべました。いもうとは，もっとたべたいと言い，兄から1こもらって，4こもたべました。
　今，兄はチョコをなんこもっていますか。

こたえ（　　　　　　　　　　）こ

5　デパートの10階にあるおもちゃうりばに行きます。
　1階で，お母さんとエレベーターにのると，中は3人になりました。3階で，5人のってきました。6階で，3人おりて，5人のってきました。9階で，6人おりて，1人のってきました。10階で，お母さんとおりました。おりたのは，ぼくたちだけでした。
　今，エレベータの中にはなん人のっていますか。

こたえ（　　　　　　　　　　）人

これは，ゆうこさんの日記です。ゆうこさんの日記をよんで，右のもんだいにこたえましょう。

7月9日　はれ

あさ、がっこうにいって、あさがおをみました。

わたしのあさがおには、赤い花が4こ、青い花が3こ、白い花が3こさいていました。

だいちくんのあさがおは、赤い花と青い花があわせて8こさいていました。

ももこさんのあさがおは、だいちくんよりも5こ多く、赤い花が7こも

さいていました。

わたしは、

「わたしの青い花は、ももこさんより2こ少ないね。」

と言いました。

だいちくんは、

「ゆうこさんの赤い花は、ぼくより1こ多いね。」

と言いました。

ももこさんは、

「赤も青も白も、どの色の花もみんなきれいだね。」

と、言いました。

わたしたちは、にこにこしながらあさがおを見ていました。

名前 （　　　　　　　　　　　　　　　　）

6　一番たくさんあさがおがさいているのはだれですか。

こたえ （　　　　　　　　　　　）

7　だいちさんの青いあさがおは，なんこさいていますか。

こたえ （　　　　　　　　　　）こ

8　ゆうこさんとももこさんのあさがおは，どちらがなんこ多くさいていますか。

こたえ （　　　　　　　）さんのほうが （　　　）こ多くさいている

9　みんなで，あさがおはなんこさいていますか。

こたえ （　　　　　　　　　　）こ

10　一番たくさんさいているのは，どの色のあさがおですか。

こたえ （　　　　　　　　）色のあさがお

1 答え　前から（4）番目　右から（5）番目

図を描くと分かる

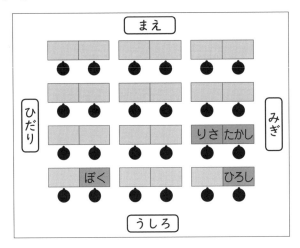

2 答え　③　①　②

①の横からも上からも同じ形は，球か立方体。

②の横から見た時と上から見た時で形が違うのは，右の直方体。

③の形に角が無いのは，左の球。

よって，①は真ん中の立方体になる。

3 答え　前から（　10　）番目

図を描くと分かる。

4 答え　6個

一文ずつ妹，ぼく，兄のチョコの数を計算していく。

最初は，妹3個，ぼく6個，兄10個。

おやつで3個食べて，妹0個，ぼく3個，兄7個。

兄は，妹に1個あげるから6個になる。

5 答え　3人

一つずつ順番に計算していけば答えにたどりつく。

1階	3人	
3階	3＋5＝8	8人
6階	8－3＋5＝10	10人
9階	10－6＋1＝5	5人
10階	5－2＝3	3人

ゆうこさんの日記を表にまとめると，全ての問題が分かる。

	ゆうこ	だいち	ももこ	合計
赤	4	3	7	
青	3		5	
白	3	0		
合計		8	13	

1回読み，分かるところをうめていくと，上の表のようになる。
あとは，表の空いている所を計算してうめていく。
以下のようになる。

	ゆうこ	だいち	ももこ	合計
赤	4	3	7	14
青	3	5	5	13
白	3	0	1	4
合計	10	8	13	31

6　答え　ももこさん

7　答え　5個

8　答え　ももこさんのほうが3個多い

ゆうこさんが10こ，ももこさんが13こさいている。
「どちらがなんこ多くさいていますか」という問いに，正しく答える
ことが大切である。

9　答え　31個

10　答え　赤

難問(なんもん) No.24

【論理的思考を鍛える問題】

1 △や○のかたちが，あるきまりにしたがってならんでいます。□の中(なか)に入(はい)るかたちはなんでしょう。

① △○×△○×△○×□○×△○×・・・
② ○×△△×○○×△△×○○×□　・・・
③ ○×○○×○○○×○□○○×○・・・

こたえ（①　　　）（②　　　）（③　　　）

2 ともだち８人(にん)に，１人(ひとり)に１こずつみかんをあげたら，９こあまりました。あしたは１人(ひとり)に２こずつあげるつもりです。たりないのはなんこでしょう。

こたえ（　　　）こ

3 きのう，絵本(えほん)をはじめから７ページよみました。きょうは，つづきから４ページよみました。あと，８ページのこっています。この絵本(えほん)は，ぜんぶでなんページでしょう。

こたえ（　　　）ページ

4　たろうさんとじろうさんで，えんぴつ19本をわけました。たろうさんは，じろうさんより9本おおくもらいました。2人は，それぞれなん本もらいましたか。

こたえ　たろうさん（　　　　　　　）本
　　　　じろうさん（　　　　　　　）本

5　すう字があるきまりにしたがってならんでいます。◎に入るすう字はなんでしょう。

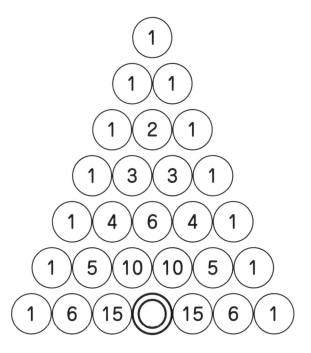

こたえ（　　　　　　　　　　）

難問(なんもん) No.24

【論理的思考を鍛える問題】

6 かずが，あるきまりにしたがってならんでいます。
□に入(はい)るかずはなんでしょう。

① 16－□－□－37－44－□－□
② □－□－31－40－□－58－□
③ 94－91－□－□－82－□－□

7 ○，△，□が，あるきまりにしたがってならんでいます。

○△□○△□○△□○△□・・・

50ばん目(め)のかたちはどれでしょう。

こたえ（　　　　　　）こ

8 うさぎとにわとりが合わせて５わいます。足のかずをあわせると16本です。うさぎとにわとりは，それぞれなんわいるでしょう。

こたえ　うさぎ（　　　　）わ　にわとり（　　　　）わ

9　ひがし町には，１年生の子どもが13人すんでいます。にし町にすんでいる１年生の子どもは，ひがし町にすんでいる１年生の子どもより7人すくないです。ひがし町とにし町の１年生は，ぜんぶでなん人いますか。

こたえ（　　　　　　　）人

10　１から９のすう字をつかって，たて・よこ・ななめ，どこをたしても，こたえが15になるように，しかくにすう字を入れます。
　☆にあてはまるすう字はなんでしょう。
（おなじすう字を２かいつかうことはできません。５と７と９はもうつかえません）

	9	
	5	7
		☆

こたえ（　　　　　　　）

豆知識

---

1 答え ①△　　②△　　③〇

①「△〇×」が繰り返される。
　　△〇×△〇×△〇×□△〇×△〇×・・・

②「〇×△△×〇」が繰り返される。
　　〇×△△×〇〇×△△×〇〇×□△・・・

③〇の数が1つ，2つ，3つ…と増えていく。
　　〇×〇〇×〇〇〇×〇□〇〇×〇・・・

2　答え　7個

8人の友達に，みかんを2個ずつあげるので，
8個＋8個＝16個
今，持っているみかんは9個なので，
16個－9個＝7個となる。

3　答え　19ページ

昨日読んだ7ページと今日読んだ4ページ，そして残っている8ページを足せばよい。
　よって，7ページ＋4ページ＋8ページ＝19ページとなる。

4 答え　たろうさん14本　じろうさん5本

　太郎さんの方が9本多くもらっているので，19本あるうちの9本を別にして考える。残りの10本を2人で均等に分けると，それぞれの本数が分かる。

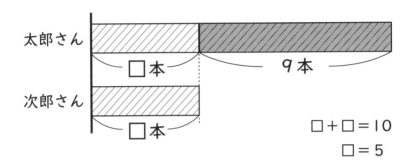

太郎さん

□本　　　9本

次郎さん

□本

□＋□＝10

□＝5

5 答え　20

　パスカルの三角形である。隣同士の数の和がそのすぐ下の数になる。

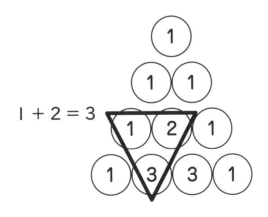

1＋2＝3

【参考文献】
1 ソニー・グローバルエデュケーション『プログラミング脳をこれから鍛える本』P.21（日経BP社）
2 3 上館栄一『家庭学習　小学さんすう（応用編）1年後期』P.23，57（子供の教育社）
4 日本数学教育学会編著『算数教育指導用語辞典　第四版』P.59（教育出版）
5 思考力を鍛える数学『パスカルの三角形と最短経路』http://www.mathlion.jp/article/ar103.html

6 答え　以下の通り

① 7ずつ増えている。

16－ 23 － 30 －37－44－ 51 － 58

② 9ずつ増えている。

13 － 22 －31－40－ 49 －58－ 67

③ 3ずつ減っている。

94－91－ 88 － 85 －82－ 79 － 76

7 答え　△

○△□の3つを1セットとして考える。

3	6	9	12 ················· 48	49 50
○△□	○△□	○△□	○△□　　　　○△□	○△

体力主義で50個の記号を書いていってもよい。

8 答え　うさぎ3羽　にわとり2羽

　つるかめ算である。全部にわとりだとすると，足の数は，
2本ずつ5羽で10本となる。
16本－10本＝6本で，まだ6本少ないことになる。
少ない6本分をうさぎに変えていくと，3羽になる。
1羽ふえると足も2本ふえるので
6÷2＝3

うさぎ	0	1	2	3
にわとり	5	4	3	2
足の合計	10	12	14	16

9　答え　19人

西町の人数は，東町より7人少ないので，

13－7＝6（人）

東町と西町を合わせると，13＋6＝19（人）

10　答え　6

　どの方向にたしても15になるため，1と3の位置が決まる。次に左上のマスを考える。2，4，6，8の可能性がある。しかし，2だと縦の列が2＋3＋□＝15で10が必要になる。6だと縦の列が6＋3＋□＝15で6が重複する。8だと横の列が8＋9＝17で15を超える。よって4が入る。そうすると，斜めが4＋5＋□＝15で6となる。または，左下の8か右上の2を出し，8＋1＋□＝15か2＋7＋□＝15と計算してもよい。

4	9	2
3	5	7
8	1	6

【引用文献】
6⃝9⃝上館栄一『家庭学習　小学さんすう（応用編）1年後期』P.46,53
7⃝ソニー・グローバルエデュケーション『プログラミング脳をこれから鍛える本』P.21
8⃝細羽正巳『授業で使える新難問・良問＝5題1問選択システム1年』P.74（明治図書）
10⃝今浦敏江『授業で使える新難問・良問＝5題1問選択システム1年』P.46（明治図書）

小学1年「ちょいムズ問題」①

出題＝木村重夫

すきなもんだいをえらんでときましょう。（　）2もんコース　（　）5もんコース　（　）ぜんもんコース

【1】つぎのけいさんをしましょう。

(1) 7＋5＝

(2) 13－8＝

【2】いちごとメロンがならんでいます。ひだりから6ばんめはいちごですか。メロンですか。

ひだり 🍓 🍈 🍓 🍈 🍓 🍈 みぎ

こたえ

【3】おさらが5つあります。パンが3つあります。おさらとパンのかずのちがいはいくつですか。

しき　　　こたえ

【4】たろうくんはどんぐりを15こもっていました。おとうとに4こ、いもうとに3こあげました。おとうとと、いもうとにあげたどんぐりはあわせてなんこですか。しきとこたえをかきましょう。

しき　　　こたえ

【5】たろうくんはどんぐりを15こもっていました。おとうとに4こ、いもうとに3こあげました。のこったどんぐりはなんこですか。しきとこたえをかきましょう。

しき　　　こたえ

【6】いろいた ◢ をつかって、したのようなかたちをつくります。なんまい、つかいますか。

こたえ

【7】したのえをみて、こたえましょう。

(1) ○はなんこですか　　(2) □はなんこですか。

こたえ　　　こたえ

【8】もっところがながいのは、どちらでしょう。

あ　い

こたえ

【9】バナナは、みぎからなんばんめですか。

こたえ

【10】いちばんみじかいえんぴつは、㋐から㋓のどのえんぴつですか。

㋐ ㋑ ㋒ ㋓

こたえ

【解答】

【1】(1) 12　(2) 5	【6】8まい
【2】いちご	【7】(1) 5こ　(2) 7こ
【3】しき 5－3＝2　こたえ 2つ	【8】㋑
【4】しき 4＋3＝7　こたえ 7こ	【9】（みぎから）4ばんめ
【5】(4＋3＝7)　15－7＝8 (15－4－3＝8)　こたえ 8こ	【10】㋐

小学1年「ちょいムズ問題」②

出題＝木村重夫

すきなもんだいをえらんでときましょう。（　）2もんコース　（　）5もんコース　（　）ぜんもんコース

【1】つぎのけいさんをしましょう。

$8+5-7=$ ☐

【2】うしろから6ばんめの人はだれですか。

まえ｜おおの｜たけい｜にのみや｜さくらい｜あらがき｜あいば｜あやせ｜まつもと｜ながさわ｜うしろ

こたえ ☐

【3】入れものに水が入っています。おおく入っているのは あ と い のどちらですか。

こたえ ☐

【4】ゆりさんはあみさんのいえにあそびにいきました。

ゆりさんが いえを でたとき

ゆりさんが いえに かえって きたとき

ゆりさんがいえにかえってきたのは、なんじなんぷんですか。

こたえ ☐

【5】8人が1こずつぼうしをかぶっています。ぼうしは、あと4こあります。ぼうしは、ぜんぶでなんこありますか。

しき

こたえ ☐

【6】いちごとメロンがならんでいます。みぎから6ばんめは いちごですか。メロンですか。

ひだり 🍓 🍈 🍓 🍈 🍓 🍈 みぎ

こたえ ☐

【7】2ばんめにながいのは、㋐から㋓のえんぴつのどれですか。

こたえ ☐

【8】まるいケーキが5こ、しかくいケーキが8こあります。まるいケーキを3こ、しかくいケーキを4こたべました。ケーキは、ぜんぶでなんこのこっていますか。

しき

こたえ ☐

【9】さんかくは、いくつありますか。

こたえ ☐

【10】こたえが2になるように、☐のなかに＋か－のきごうをいれましょう。

3 ☐ 2 ☐ 1 ＝2

【解答】

【1】6	【6】メロン
【2】さくらいさん	【7】㋑
【3】あ	【8】6こ
【4】4じ15ふん	【9】5こ
【5】しき 8＋4＝12 12こ	【10】3－2＋1＝2

小学1年「ちょいムズ問題」③

すきなもんだいをえらんでときましょう。（　）2もんコース　（　）5もんコース　（　）ぜんもんコース

【1】けいさんしましょう。

(1) 7＋5＝

(2) 16－9＝

【2】下のえをみて，もんだいにこたえましょう。

こたえ

(1) ばななは
ひだりからなんばんめですか　　　　　ばんめ

(2) りんごは
みぎからなんばんめですか。　　　　　ばんめ

【3】おさらが5つあります。パンが2つあります。
おさらとパンのかずのちがいは，いくつですか。

こたえ　　　　　　　つ

【4】下のかたちは，◺をいくつつかうとできますか。

(1)

(2)

こたえ　　　　　つ　　　こたえ　　　　　つ

【5】下のえをみて，もんだいにこたえましょう。

(1) 〇はなんこありますか。　　(1)こたえ　　　　　こ
(2) □は△より，なんこおお
いですか。　　　　　　　　(2)こたえ　　　　　こ

【6】けいさんしましょう。

(1) 4＋8＋2＝

(2) 16－7＋5＝

【7】ゆりさんは，あみさんのいえにあそびにいきました。

| ゆりさんが いえを でたとき | | ゆりさんが いえに かえって きたとき |

(1) いえをでたのは，
なんじですか。　　　　こたえ　　　　　じ

(2) いえにかえってきたのは，
なんじなんぷんですか。　こたえ　　　じ　　ふん

【8】ちょうが10ぴきいました。3びきとんでいきました。のこりはなんびきですか。

こたえ　　　　　ひき

【9】下のえんぴつのえをみて，こたえましょう。

(1) ㋐と㋑は，どちら
がながいですか。
こたえ

(2) いちばんながいのは，
㋐から㋒のうちどれですか。　こたえ

【10】こたえが4になるように，□のなかに，「＋」か「－」のきごうをいれましょう。

3 □ 2 □ 1 ＝4

【解答】

【1】(1) 7＋5＝12　(2) 16－9＝7	【6】(1) 4＋8＋2＝14　(2) 16－7＋5＝14
【2】(1) 2ばんめ　(2) 5ばんめ	【7】(1) 3じ　(2) 4じ15ふん
【3】しき　5－2＝3　こたえ3つ	【8】(10－3＝7) 7ひき
【4】(1) 4つ　(2) 8つ	【9】(1) ㋑　(2) ㋒
【5】(1) 5こ　(2) 2こ (7－5＝2)	【10】3＋2－1＝4

小学1年「ちょいムズ問題」④

出題＝木村重夫

すきなもんだいをえらんでときましょう。　（　）5もんコース　（　）10もんコース　（　）ぜんもんコース

【1】どちらが大きいですか。あか⑥でこたえましょう。 あ　　　　い こたえ □	【2】バナナは，左からなんばんめですか。 こたえ 左から □ ばんめ	【3】つぎのけいさんをしましょう。 8＋3－6＝ □	【4】うしろから4ばんめの人はだれですか。 まえ おおの たけい にのみや さくらい あらがき あいば あやせ まつもと ながさわ うしろ こたえ □ さん
【5】まるいケーキが5こ，しかくいケーキが8こあります。ケーキは，ぜんぶでなんこありますか。 しき こたえ □ こ	【6】まるいケーキが5こ，しかくいケーキが8こあります。まるいケーキを3こ，しかくいケーキを4こたべました。ケーキは，ぜんぶでなんこのこっていますか。 こたえ □ こ	【7】ちょうが10ぴきいました。2ひきとんでいきました。のこりはなんびきですか。 こたえ □ ひき	【8】「4□3□2」の□の中に「＋」「－」のきごうのどちらをいれて，こたえを3にします。□の中に，きごうをいれましょう。 4 □ 3 □ 2 ＝3
【9】下のかたちは，△をいくつつかうとできますか。 こたえ □ つ	【10】下のかたちは，△をいくつつかうとできますか。 こたえ □ つ	【11】入れものにジュースが入っています。おおく入っているのはあか⑥のどちらですか。 あ　　い こたえ □	【12】入れものに水が入っています。おおく入っているのはあか⑥のどちらですか。 あ　　い こたえ □
【13】おさらが5つあります。パンが3つあります。おさらとパンのかずのちがいはいくつですか。 こたえ □ つ	【14】いちばんながいのは，㋐から㋔のえんぴつのどれですか。 ㋐ ㋑ ㋒ ㋓ こたえ □	【15】つぎのけいさんをしましょう。 15－7＋6＝ □	【16】ゆりさんはあみさんのいえにあそびにいきました。 ゆりさんがいえをでたとき　ゆりさんがいえにかえってきたとき ゆりさんがいえにかえってきたのは □ じ □ ふんです。
【17】○は，なんこありますか。 こたえ □ こ	【18】□は△よりなんこおおいですか。 こたえ □ こ	【19】7人が1こずつぼうしをかぶっています。ぼうしは，あと4こあります。ぼうしは，ぜんぶでなんこありますか。 しき こたえ □ こ	【20】いちごとメロンがならんでいます。左から6ばんめはいちごですか。メロンですか。 こたえ □ こ

【解答】

【1】⑥	【2】左から2ばんめ	【3】8＋3－6＝5	【4】あいばさん
【5】しき 5＋8＝13 　　こたえ 13こ	【6】しき13－3－4 （または）5－3＝2　8－4＝4 2＋4＝6　こたえ6こ	【7】しき 10－2＝8 　　こたえ 8ひき	【8】4□3□2＝3
【9】4つ	【10】8つ	【11】あ	【12】あ
【13】しき 5－3＝2 　　こたえ2つ	【14】㋓	【15】15－7＋6＝14	【16】4じ45ふん
【17】6こ	【18】□…8こ　△…6こ 8－6＝2　こたえ2こおおい	【19】しき 7＋4＝11 　　こたえ 11こ	【20】いちご

あとがき 〈1年算数＋難問〉刊行によせて

子どもの可能性を
引き出す教育を追い求めて

教師となって数年目，今より遥かに実力がなかったころの実践である。
算数の時間，こんな問題を出した。

10÷7の小数第50位はいくつか。

問題を出した瞬間に，「そんなのできるわけない」とＳくんが叫んだ。
彼は勉強が得意な子ではなかった。
「勉強は嫌い」，「勉強なんてやりたくない」と毎日言っていた。
それに同調するように，教室から「絶対無理」「わかんない」と次々に声が上がった。
そんな声を制し，「とにかくやってみなさい」とやらせた。

やり始めると，数人の子どもたちが，「ん？」「あれ？」と声をあげ始めた。
「あ！」
Ｍくんが叫んだ。
教室中の目が，一瞬Ｍくんの方を向く。
その後，飛び込むようにして，Ｍくんはノートを持ってきた。
じっくりとノートを見て，「どうやってやった？」と聞いた。
「なるほど！ すごい！ 正解！」
思いっきり大げさに褒めた。
そうすると，子ども達の中に「そうか！ この問題，できるんだ！」という空気が広がった。
そこからは，次々に子どもたちがノートを持ってきた。
それこそ，我先にと競うように，である。
たくさん×もした。
みな，「なんで〜？」と悔しそうな顔で帰っていった。
間違った子どもたちは，何度も挑戦しにきた。
「よし！ 正解！」
「やった，やった，やったー」
五度目の挑戦で合格をしたＪちゃんは跳びはねて喜んだ。

そんな中，Ｓくんは，一言もしゃべらず，黙々と作業をしていた。
チャイムが鳴り，授業を終えた。
Ｓくんが私のところへやってきて，「今，34番目なんだ」といった。
「1個ずつやっているのか」と問うと，申し訳なさそうにうなずいた。
私は，「すごい。俺はそっちの方が好きだ。賢いやり方もあるかもしれない。でも，そうやって地道に地道にやっていく方法が好きだ。かっこいいじゃないか」と話した。
Ｓくんは，「もうちょっとやろうかな」とノートをもって，ぼくのところにやってきた。

決してきれいなノートではない。

それでも，最後まで計算をし，答えを出した。

正解だった。

50回商を立てても，答えが繰り返されていることに気付くこともない。

他の賢い子から見たら，もっと簡単にできるのに，と思われるのかもしれない。

しかし，私には，そんなSくんの姿がとてもかっこよくみえた。

次の時間のはじめ，子ども達に話をした。

「さっきの問題，答えが繰り返しになっているのに気付いた人？　それをつかって答えを出した，という人？　あなたたちはとても頭が柔らかく，閃きもあるんだろう。そうではなくて，地道に50回計算をしたという人？　2人もいる。50回計算をする。決してスマートではないかもしれない。もっと簡単にできるって思う人もいるかもしれない。でも，どっちも価値は同じだ。知力で素早く解くのも，体力で力づくで解くのも，どっちも同じ価値だ。どっちも尊いんだ。」

Sくんの誇らしげな顔が，誰よりも輝いて見えた。

その後Sくんは，劇的な成長を見せていくようになる。

勉強にそれまで以上に一生懸命に取り組むようになった。

周りの子どもたちも，そんな彼を認めるようになった。

学級解散の頃には，中心となって，お別れ会を企画するほどになっていったのである。

もちろん，日々の積み重ねがあってこその事実である。

ただ，難問がその一助になったことも，また確かである。

クラスの中には，様々な子がいる。

ぜひ，どの子も輝ける教室への一つの手段として，難問を取り入れてみてほしい。

難問によって，光を得る子どもたちが必ずいる。

最後に，編集の機会を与えてくださった木村重夫先生，多大なご助言，励ましのお言葉をくださった学芸みらい社の樋口雅子様，難問シリーズの出版を認め，応援してくださった向山洋一先生に，心より感謝申し上げます。

令和2年11月3日
　　全国400名の仲間とのオンラインセミナーを終えた余韻に浸りながら

TOSS/Lumiere　　堂前直人

◎編著者紹介

木村重夫（きむら　しげお）
1983年　横浜国立大学卒業
埼玉県公立小学校教諭として34年間勤務。
2018年〜現在　日本文化大学講師
TOSS埼玉代表，TOSS祭りばやしサークル代表
〈著書・編著〉
『成功する向山型算数の授業』『続・成功する向山型算数の授業』
『算数の教え方には法則がある』『教室熱中！難問1問選択システム』1〜6年（明治図書）
〈共同開発〉
『うつしまるくん』（光村教育図書）『向山型算数ノートスキル』（教育技術研究所）

堂前直人（どうまえ　なおと）
1986年　愛知県生まれ　2009年3月　信州大学卒
現在　名古屋市浮野小学校勤務
TOSS/Lumiere代表　TOSS中央事務局
10年前にサークルを立ち上げ，毎週学習会を開催
授業づくりや学級経営などをテーマにしたセミナーの講師も務める

加藤友祐
愛知県弥富市中学校勤務

中川聡一郎
愛知県清須市小学校教諭

橋本諒
静岡県裾野市小学校教諭

堂前貴美子
愛知県名古屋市小学校勤務

岩井俊樹
愛知県名古屋市小学校教諭

鈴木基紘
愛知県田原市中学校教諭

川合賢典
愛知県豊橋市小学校教諭

木田健太
愛知県稲沢市小学校教諭

岡田健太郎
東京都足立区小学校教諭

林田花蓮
長野県茅野市中学校教諭

教室熱中！めっちゃ楽しい
算数難問1問選択システム
1巻　初級レベル1＝小1相当編

GAKUGEI
MIRAISHA

2021年1月25日　初版発行
2023年7月15日　第2版発行

編著者　木村重夫・堂前直人
発行者　小島直人
発行所　株式会社学芸みらい社
　　　　〒162-0833　東京都新宿区箪笥町31番　箪笥町SKビル3F
　　　　電話番号　03-5227-1266
　　　　https://www.gakugeimirai.jp/
　　　　E-mail : info@gakugeimirai.jp
印刷所・製本所　藤原印刷株式会社
企　画　樋口雅子
校　閲　板倉弘幸
本文組版　橋本　文
本文イラスト　辻野裕美 他
カバーデザイン　小沼孝至

教室熱中！めっちゃ楽しい
算数難問
1問選択システム

うーん、難しい。 / 出来そう！ / 出来た！

動画のマスコット「ライオンくん」（作：山戸 麦）

● 木村重夫＝責任編集
☆B5版・136頁平均・本体2,300円（税別）

1巻	初級レベル1＝小1相当編 堂前直人＋TOSS/Lumiere
2巻	初級レベル2＝小2相当編 中田昭大＋TOSS流氷
3巻	中級レベル1＝小3相当編 松島博昭＋TOSS CHANCE
4巻	中級レベル2＝小4相当編 溝口佳成＋湖南教育サークル八方手裏剣
5巻	上級レベル1＝小5相当編 岩田史朗＋TOSS金沢
6巻	上級レベル2＝小6相当編 林 健広＋TOSS下関教育サークル
別巻	数学難問＝中学・高校レベル相当編 星野優子・村瀬 歩＋向山型数学研究会

デジタル時代に対応！ よくわかる動画で解説

　各ページに印刷されているQRコードからYouTubeの動画にすぐにアクセスできます。問題を解くポイントを音声で解説しながら、わかりやすい動画で解説します。授業される先生にとって「教え方の参考」になること請け合いです。教室で動画を映せば子どもたち向けのよくわかる解説になります。在宅学習でもきっと役立つことでしょう。

教科書よりちょっぴり難しい「ちょいムズ問題」

　すでに学習した内容から、教科書と同じまたはちょっぴり難しいレベルの問題をズラーッと集めました。教科書の総復習としても使えます。20問の中から5問コース・10問コース・全問コースなどと自分のペースで好きな問題を選んで解きます。1問1問は比較的簡単ですが、それがたくさん並んでいるから集中します。

子ども熱中の難問を満載！

　本シリーズは、子どもが熱中する難問を満載した「誰でもできる難問の授業システム事典」です。みなさんは子どもが熱中する難問の授業をされたことがありますか？　算数教科書だけで子ども熱中の授業を作ることは高度な腕を必要とします。しかし、選び抜かれた難問を与えて、システムとして授業すれば、誰でも子ども熱中を体感できます。

これが「子どもが熱中する」ということなんだ！

　初めて体験する盛り上がりです。時間が来たので終わろうとしても「先生まだやりたい！」という子たち。正答を教えようとしたら「教えないで！　自分で解きたい！」と叫ぶ子たち。今まで経験したことがなかった「手応え」を感じることでしょう。

授業の腕が上がる新法則シリーズ　全13巻

監修：谷 和樹（玉川大学教職大学院教授）

新指導要領対応！

新教科書による「新しい学び」時代、幕開け！
2020年度からの授業スタイルを「見える化」誌面で発信！

4大特徴

| 基礎単元＋新単元をカバー | 授業アイデア＆スキル大集合 |
| 授業イメージ、一目で早わかり | 新時代のデジタル認識力を鍛える |

◆「国語」授業の腕が上がる新法則
村野 聡・長谷川博之・雨宮 久・田丸義明 編
978-4-909783-30-1　C3037　本体1700円（＋税）

◆「算数」授業の腕が上がる新法則
木村重夫・林 健広・戸村隆之 編
978-4-909783-31-8　C3037　本体1700円（＋税）

◆「生活科」授業の腕が上がる新法則※
勇 和代・原田朋哉 編
978-4-909783-41-7　C3037　本体2500円（＋税）

◆「図画工作」授業の腕が上がる新法則
　1～3年生編※
酒井臣吾・谷岡聡美 編
978-4-909783-35-6　C3037　本体2400円（＋税）

◆「家庭科」授業の腕が上がる新法則
白石和子・川津知佳子 編
978-4-909783-40-0　C3037　本体1700円（＋税）

◆「道徳」授業の腕が上がる新法則
　1～3年生編
河田孝文・堀田和秀 編
978-4-909783-38-7　C3037　本体1700円（＋税）

◆「プログラミング」授業の腕が上がる新法則
許 鍾萬 編
978-4-909783-42-4　C3037　本体1700円（＋税）

◆「社会」授業の腕が上がる新法則
川原雅樹・桜木泰自 編
978-4-909783-32-5　C3037　本体1700円（＋税）

◆「理科」授業の腕が上がる新法則※
小森栄治・千葉雄二・吉原尚寛 編
978-4-909783-33-2　C3037　本体2400円（＋税）

◆「音楽」授業の腕が上がる新法則
関根朋子・中越正美 編
978-4-909783-34-9　C3037　本体1700円（＋税）

◆「図画工作」授業の腕が上がる新法則
　4～6年生編※
酒井臣吾・上木信弘 編
978-4-909783-36-3　C3037　本体2400円（＋税）

◆「体育」授業の腕が上がる新法則
村田正樹・桑原和彦 編
978-4-909783-37-0　C3037　本体1700円（＋税）

◆「道徳」授業の腕が上がる新法則
　4～6年生編
河田孝文・堀田和秀 編
978-4-909783-39-4　C3037　本体1700円（＋税）

各巻A5判並製
※印はオールカラー

激動する社会の変化に対応する教育へのパラダイムシフト ──谷 和樹

　PBIS（ポジティブな行動介入と支援）というシステムを取り入れているアメリカの学校では「本人の選択」という考え方が浸透しています。その時の子ども本人の心や体の状態によって、できることは違います。それを確認し、あくまでも本人にその時の行動を選ばせるという方法です。これと教科の指導とを同じに考えることはできないかも知れません。しかし、「本人の選択」を可能にする学習サービスが世界的に広がり、増え続けていることもまた事実です。

　また、写真、動画、Webページなど、全教科のあらゆる知識をデジタルメディアで読む機会の方が多くなっているのが今の社会です。そうした「デジタル読解力」について、今の学校のカリキュラムは十分に対応しているとは言えません。

　子どもたち「本人の選択」を保障する考え方、そして幅広い「デジタル読解力」を必須とする考え方を公教育の中で真剣に考える時代が到来しつつあります。

　本書ではこうしたニーズにできるだけ答えたいと思いました。

　本書の読者のみなさんの中から、そうした問題意識をもち、一緒に研究を進めていただける方がたくさん出てくださることを心から願っています。

『教室ツーウェイNEXT』バックナンバー

創刊記念1号

【特集】〈超有名授業30例〉
アクティブ・ラーニング先取り体験！
【ミニ特集】発達障がい児のアクティブ・
ラーニング指導の準備ポイント

A5判 並製：172ページ
定価：1500円+税
ISBN-13：978-4908637117

創刊2号

【特集】やりぬく、集中、忍耐、対話、創造…
"非認知能力"で激変！子どもの学習態度50例！
【ミニ特集】
いじめ —— 世界で動き出した新対応

A5判 並製：172ページ
定価：1500円+税
ISBN-13：978-4908637254

3号

【特集】移行措置への鉄ペキ準備
新指導要領のキーワード100
【ミニ特集】
いじめディープラーニング

A5判 並製：172ページ
定価：1500円+税
ISBN-13：978-4908637308

4号

【特集】"合理的配慮"ある
年間プラン＆レイアウト63例
【ミニ特集】アクティブ型学力の計測と
新テスト開発の動向

A5判 並製：172ページ
定価：1500円+税
ISBN-13：978-4908637414

5号

【特集】"学習困難さ状態"
変化が起こる授業支援60
【ミニ特集】2学期の荒れ——
微細兆候を見逃さないチェック法

A5判 並製：168ページ
定価：1500円+税
ISBN-13：978-4908637537

6号

【特集】「道徳教科書」
活用考える道徳授業テーマ100
【ミニ特集】"小学英語"
移行措置＝達人に聞く決め手！

A5判 並製：176ページ
定価：1500円+税
ISBN-13：978-4908637605

7号

【特集】教科書の完全攻略・
使い倒し授業の定石59！
意外と知らない教科書の仕掛けを一挙公開。
【ミニ特集】クラッシャー教師の危険

A5判 並製：180ページ
定価：1600円+税
ISBN-13：978-4908637704

8号

【特集】「主体的学び」に直結！
熱中教材・ほめ言葉100
新指導要領を教室で実現するヒント
【ミニ特集】教育改革の新しい動き

A5判 並製：172ページ
定価：1600円+税
ISBN-13：978-4908637872

9号

【特集】「通知表の評価言—
AL的表記への変換ヒント」
【ミニ特集】学校の働き方改革
—教師の仕事・業務チェック術

A5判 並製：156ページ
定価：1600円+税
ISBN-13：978-4908637995

10号

【特集】黄金の授業開き
おもしろ導入クイズ100選
【ミニ特集】プロに聞く
"校内研修テーマ"の最前線

A5判 並製：156ページ
定価：1600円+税
ISBN-13：978-4908637117

11号

【特集】2〜3学期の超難単元
楽しくトライ！授業アイデア50
【ミニ特集】東京オリ・パラ
＝子どもに語るエピソード10

A5判並製：164ページ
定価：1600円+税
ISBN-13：978-4909783158

12号

【特集】「教え方改革」
新年度計画　働き方連動プラン54
【ミニ特集】子供に入る
"学級開き決意表明"シナリオ例

A5判並製：168ページ
定価：1600円+税
ISBN-13：978-4909783264